KB075066

이제 막 복직한 김 과장에게

이제 막 복직한 김 과장에게

초판 1쇄 발행 2023년 10월 30일

지은이 김수연

발행인 이정훈
콘텐츠개발총괄 김남연
편집 박성근
마케팅 최준혁
디자인 thiscover

브랜드 온워드
주소 서울시 마포구 월드컵로13길 19-14 101호

발행처 ㈜웅진북센
출판신고 2019년 9월 4일 제406-2019-000097호
문의전화 02-332-3391
팩스 02-332-3392

ISBN 979-11-6997-999-3 (03190)

* 온워드는 ㈜웅진북센의 단행본 브랜드입니다.
* 책값은 뒤표지에 있습니다.
* 잘못된 책은 구입하신 곳에서 바꾸어 드립니다.

이제 막 복직한 김 과장에게

김수연 지음

구조조정, 경력 단절을
딛고 일어서 미국 공인회계사가 된
40대 워킹맘 이야기

온워드

들어가며

새벽 4시, 깜깜한 부엌 식탁에 앉아 차를 마신다. 하루 중 온전히 나를 만나는 유일한 시간. 잠시 눈을 감고 온몸에 퍼지는 따뜻한 온기를 느끼며, 오늘도 바쁜 하루를 맞이할 나에게 용기와 격려를 전한다.

30대가 되던 해에 나는 임신을 했고, 출산 이후에도 직장에 다니며 아이를 키우는 워킹맘으로 살았다. 남다른 계획을 가진 건 아니었지만, 누구 못지않게 내 아이를 잘 키워내고 싶었다. 그런 마음은 이상하게도 주위 엄마들과의 묘한 경쟁심으로 이어졌다. 유명한 육아용품을 사들이고, 비싼 옷을 사 입히고, 실속 없이 거품만 잔뜩 낀 교육 용품을 찾아 박람회를 기웃거렸다. 그렇게 물건들을 어렵게 사들인 뒤 느끼는 성취감에 취했고, 주위 엄마들과 항상 그런 경쟁 속에서 살았다.

　　　　　　　　　　　　　　　　이제 막 복직한 김 과장에게

그러다가 세 살 터울로 둘째가 태어났다. 아이가 하나일 때는, 내 생활을 아이에 맞춰가며 조금은 여유롭게 육아를 즐길 수 있었다. 하지만 아이가 둘이 되는 순간 내 뜻대로 되는 일이 하나도 없었다. 둘째가 울다가 그치면 첫째가 울고, 첫째가 밖에 나가자고 보채면 둘째는 잠들었다. 돈과 에너지를 두 배로 들여도 모든 일이 잘 되지 않는 상황이 반복되니 우울감이 몰려왔다. 욕심과 현실 사이에서 느껴지는 괴리감만큼 나의 패배감과 우울감은 날로 심해졌다. 거기에 워킹맘이라는 자격지심은 나라는 존재를 완전히 바닥까지 끌어내리는 듯했다. 나는 아이를 잘 키우고 싶은 만큼 내 일에서도 성공하고 싶었다. 아이를 키운다는 것이 내가 직장 생활을 잘 해내지 못하는 이유가 되어서는 안 된다고 생각했다. 빈틈없이 완벽해지고 싶었다. 그러나 현실에서는 점점 더 부족한 사람이 되어가고 있었다.

2022년 통계청이 발표한 출산율에 따르면, 가임여성 한 명이 평생 낳을 것으로 예상되는 평균 출생아 수는 0.78명이라고 한다. 내가 첫째를 낳은 2009년에 1.15명이었던 것과 비교해보면 '출산율 쇼크' 시대라는 말은 언론의 과장된 표현이 아닐 것이다. 나는 0.78명이라는 숫자가 현재 우리나라 여성들이 안고 있는 '막연한 불안감'의 결과라고 생각한다. 우리 사회에는 아이가 태어나면서부터 시작되는 '경쟁 문화'가 있다. 고가의 육아용품에서부터 사교육비까지 생각하면 한숨부터 나오는 게 오늘날의 현실이다. 게다가 커리어 우먼으로서 자기 계발에 대한 욕심이 있는 여성이라면, 아이를 낳는 것 자체가 인생에 큰 걸림돌처럼 느껴질 것이다. 나 역시도 아이 둘을 키우는 워킹맘으로 살면서 '내가 결혼을 안 하고 혼자였다면 더 성공하지 않았을까?' '애가 하나만 있었어도 더 잘 키울 수 있지 않았을까?'라는 생각을 하지 않을 수 없었다.

어느 순간 나는 내가 육아에서 완벽할 수 없는 것을 받아들였다. 첫째를 키우며 완벽하고 싶었던 나의 바람은 둘째를 낳고 난 후 와르르 무너졌다. 잘 키우는 건 둘째 치고 그냥 키우는 것조차 버거웠기 때문이다. 둘째에게는 좋은 육아용품을 사주고 싶어도 이미 첫째에게 돈이 많이 들어간 상황이라 사줄 수가 없었다. 첫째에게 필요한 학원을 더 보내고 싶어도 둘째까지 보내야 하다 보니 한 개를 줄일 수밖에 없었다. 해외여행을 가고 싶어도 엄두가 나지 않아 포기하게 되었다. 그렇게 하나둘씩 포기하다 보니 점점 포기하는 게 쉬워졌고, 주위 엄마들과의 불필요한 경쟁 관계에서도 자연스럽게 멀어지게 됐다. 아이를 두 명 키우면 모든 게 두 배로 힘들 거라는 생각과 달리, 포기하는 만큼 육아에 대한 부담은 적어졌고, 어차피 완벽할 수 없다는 생각에 오히려 마음이 편안해졌다. 지금은 그런 불필요한 경쟁에 시간과 에너지를 쏟지 않는다. 그 시간에 오히려 '나'에게 집중한다.

마흔이 훌쩍 넘어서야 알게 된 사실이 있다. 대학을 졸업한 뒤

취직해야 했고, 취직하고 나니 결혼해야 했다. 결혼하고 나니 아이를 낳아야 했고, 첫째를 낳고 나니 둘째가 기다리고 있었다. 이렇게 남들이 정해놓은 시간표대로 살다 보니 정작 내가 원하는 것은 무엇인지 생각해보지 않았다. 원하는 것이 무엇인지도 모른 채 앞만 보며 달려왔다. 어느 순간 나는 어디로 가야 할지 방향을 잃어버린 기분이었다. 목적지 없이 전력 질주를 해왔고, 달리면 달릴수록 불안해졌다. 힘들고 불안할 때마다 기댈 만한 누군가를 찾았고, 누군가에게 힘든 마음을 털어놓고 나면 그 뒤엔 영락없이 공허함이 찾아왔다. 그러다가 '고전 필사'를 하며 깨달았다. 내 인생의 가장 가까운 친구이자 동반자는 그 누구도 아닌 '나' 자신이라는 것을 말이다. 나의 내면과의 대화를 통해 나는 이전보다 훨씬 단단한 사람이 되어가고 있는 듯하다. 나 스스로를 엄마이자 워킹맘으로 단정 짓지 않고 나에게 주어지는 기회에 한계를 두지 않기로 했다. 하루하루 나아지는 내 모습을 보면서 즐겁게 살아가려고 노력하고 있다.

이 책은 과거의 나처럼 일과 육아에서 완벽한 워킹맘이 되고 싶지만 모든 게 내 맘 같지 않은 분들을 위해 쓴 글들이다. 1장은 15년 전의 나에게 해주고 싶은 이야기를 담았다. 막연한 불안감에 떨고 있을 초보 워킹맘에게 그동안 내가 겪으면서 깨달았던 이야기를 들려주고 싶었다. 완벽한 워킹맘이 되지 못해 힘들어하는 모습을 통해 현명한 워킹맘이 되는 것이 무엇인지를 생각해볼 수 있다. 2장은 내가 직장 생활을 하며 소박한 꿈에 도전한 이야기를 담았다. 직장인으로서 흔히 경험할 수 없는 구조조정이라는 상황을 겪고, 그럼에도 불구하고 포기하지 않고 다시 도전하여 꿈을 이룬 이야기다. 3장은 육아에 대한 이야기다. 워킹맘으로 살면서 엄마와 아이가 모두 행복해지려면 어떻게 하면 좋을지, 아이를 키우는 데에 어떤 육아 철학을 가져야 할지 함께 고민해볼 수 있다. 4장은 엄마라는 존재를 넘어 나를 찾아가는 여정을 시작하기 위한 실전 팁이다. 늘 시간이 부족한 워킹맘들을 위해 새벽 시간을 통해 내면과 대화하고, 운동을 실천할 수 있는 방법을 안내했다. 5장은 영어 공부법에 대한 팁과 외국계 회사에 대한 정보를 다루었다. 내가 외국계 회사에 입사해서 탄탄한 경력을 갖게 된 것은 뒤늦게 시작한 영어 때문이었다. 영어 공부에 대한 나만의 노하우와 외국계 회사에 입사하게 된 계기, 외국계 회사로 이직하는 방법, 외국계 회사에서 살아남는 법 등 현실적인 내용을 다루었다. 6장은 앞으로 내 인생의 방향과 꿈에 대해 이야기한다. 오늘 하루, 지금 이 순간을 아이들과 함께 즐기며, 동시에 자신만의 꿈을 찾아가는 워킹맘들에게 동기부여가 되면 좋겠다.

이 책이 나오기까지 많은 분의 도움이 있었다. 먼저 이 책을 알아봐주신 웅진 북센 김남연 팀장님께 감사한 마음을 전한다. 그리고 하고 싶은 일을 하게끔 딸을 지지해주시는 친정 부모님과 항상 든든한 지원군이 되어주는 나의 동생들에게 감사한다. 언제

이제 막 복직한 김 과장에게

나 나의 편에서 아이들을 돌봐주고, 내가 하는 도전을 온전히 응원해주는 남편에게 감사한다. 내 인생 최고의 선물인 나의 첫째 진수, 둘째 민수에게 건강하고 사랑스럽게 자라주어 고맙다는 말을 전한다. 또 책을 쓰는 동안 적절하게 도움을 주신 아레테인문아카데미 임성훈 작가님에게 감사하다. 마지막으로, 지금 이 책을 읽고 있는 독자분들께 감사함을 전하고 싶다. 여러분이 있어 책이 세상에 나올 수 있었다. 이 책을 통해 완벽한 워킹맘이 되야 한다는 부담을 내려놓고, 나를 찾기 위한 여정을 시작할 수 있기를 바란다.

차례

3장 어차피 완벽한 육아는 없다

6장 내 인생은 우상향이다

1장

10년 후에도
같은 마음일까?

아이들이 성장한 후에 나는 어떤 모습일까? 나는 어떤 엄마로 아이들 곁에 남게 될까? 아이들은 엄마의 어떤 모습에서 좋은 영향을 받게 될까?

01
아들을 키운다고
꼭 깡패가 되어야 할까?

"뭐라고요? 또 파란색을 준비하라고요?"

아들만 둘이라고 하면 사람들은 한결같은 반응을 보인다. "아들만 두 명인 거예요? 어떡해요. 많이 힘드시겠어요. 아들 둘 키우면 엄마가 깡패가 된다던데…." 안쓰럽다는 표정과 측은한 눈빛. 그리고 나서 위로 섞인 조언들이 쏟아진다. 여자는 나이 들면 딸이 있어야 한다, 딸 하나 더 낳아라…. 심지어 농담처럼 딸도 하나 못 낳았느냐며 타박까지 한다. 아들 둘을 데리고 산책하러 나가면 지나가던 할머니도 내게 말을 건다. 아들 키워봤자 다 소용없다면서 결혼하면 그만이란다. 보통 이런 얘기를 하는 사람들은 대부분 딸이 없는 경우가 많다. 그러다 보니 결국은 본인 신세 한탄으로 이어진다. 딸을 가진 사람 중에는 어깨에 힘을 주는 경우도 있다. 자신이 부러움을 살 만한 위치에 있다는 듯, 나의 질투 섞인 반응을 기대한다. 그러다가 내가 아무런 반응을 보이지 않으면 그때부터 자신의 딸 자랑을 시작한다. 나는 겉으로는 아무렇지 않은 척 웃으면서 동의하는 듯 고개를 끄덕인다. 하지만 속으로는 별의별 생각을 다 한다. '누군 아들만 낳고 싶어서 낳았나? 셋째 낳았다가 또 아들이면 어쩔 건데. 아들이고 딸이고 키우기 나름이지. 별꼴이다, 정말.'

첫째를 임신했을 때 나는 아이가 아들일 거란 생각을 전혀 하지 않았다. 사람들이 흔히 말하는 배의 모양과 크기, 뒷모습, 식성 등 모든 정황이 배 속의 아이가 딸임을 암시했다. 주위 사람들, 심지어 어르신들도 볼 때마다 딸이라며 축하한다는 말을 건네기까지 했다. 그래서 나도 의심의 여지없이 '나의 첫아이는 딸이겠구나' 하고 생각했다. 임신 7개월이 되어서 아이의 성별을 확인하는 날이었다. 나는 크게 신경 쓰지 않았다. 딸이라고 확신하고 있었으니까.

"어머님, 파란색으로 준비하시면 됩니다."

'응? 파란색? 왜 파란색을 준비하지?'

"선생님 왜요? 딸인데 왜 파란색을 준비해요?"

놀란 표정인 나를 보며 의사가 웃었다. 그리고 내게 파란색이 아들을 의미한다는 걸 다시 상기시켜주었다. 순간 나는 뇌가 정지되는 기분이었다. 이게 무슨 소리지? 도저히 그 상황이 받아들

여지지 않았다. 나는 그렇게 아들 엄마가 되었다.

아들이든 딸이든 아기들은 정말 다 천사 같다. 뽀얀 피부, 아기 냄새 그리고 옹알거리는 몸짓을 보고 있으면 정말 시간 가는 줄 몰랐다. 아이가 걷기 시작하고 나서는 밥 먹이고 씻기기 위해 달아나는 아이를 잡으러 다니는 게 힘들었지만, 그래도 나날이 즐거웠고 행복했다. 그러다가 둘째를 임신했다. 나는 큰아이 때 경험도 있고 해서 둘째가 꼭 딸일 거라고 생각하지 않기로 했다. 아들일 수도 있고, 아들이어도 괜찮다고 생각했다. 그냥 차라리 아들이라고 생각하기로 마음을 먹었다. 하지만 내심 딸이기를 바라는 마음도 있었다. "어머님, 파란색으로 준비하시면 됩니다." "뭐라고요? 또 파란색을 준비하라고요?"

나는 마음의 준비가 됐다고 생각했지만, 이번에도 역시 쉽게 받아들여지지 않았다. 사람들은 축하와 동시에 어쩌냐며 위로를 건넸다. '내가 아들 둘의 엄마가 되는구나.' 이런 생각을 하는 순간 아이들을 다그치며 큰소리를 지르는 내 미래의 모습, 깡패같이 변해가는 내 모습이 상상되었다.

큰소리 내지 않고도 아들을 키울 수 있다

아들 둘을 키우다 보니 확실히 육체적으로 힘든 건 사실이다. 에너지가 넘쳐 이리저리 달아나는 아이를 잡으러 다니고, 몸을 이용해 아이와 함께 놀아줘야 했다. 나는 '워킹맘'이기 때문에 아이들과 같이 있을 땐 시간을 허투루 쓰지 않으려고 노력했다. 웬만하면 아이들과 함께하는 시간에 집중했다. 그러다 보니 쉽게 체력이 고갈되기 십상이었다. 지금 생각해보면 그때 가장 힘들었던 건 그네 밀어주기와 술래잡기 놀이, 그리고 축구였다. 제발 그네만이라도 혼자 타면 더 이상 바랄 게 없겠다 싶었다. 정말 그네만큼은 질리도록 밀었던 것 같다.

아이가 초등학생이 되고 나니 엄마는 아이들의 실험 대상 같은 존재였다. 아이들은 스스로 힘이 얼마나 강해지고 있는지 확인하기 위해 하루가 멀게 나를 안아보고 업어봤다. 얼마나 오래 업을 수 있는지, 업고 얼마나 걸을 수 있는지 매일 확인했다. 나날이 업그레이드되는 힘을 확인하며 성취감을 느끼는 것 같았다. 태권도를 배우고 나서는 그날 배운 걸, 나를 상대로 연습하고자 했다.

"엄마, 내가 오늘 새로 배운 게 있는데 잠깐 여기 서 있어봐."

"뭔데? 그냥 거기서 보여주면 안 돼?"

"안 돼, 엄마가 여기 서 있어야 돼. 아픈 거 아니야. 잠깐이면 돼."

내심 불안했지만 아이가 하는 말을 무시할 수도 없었다. 그리고 아이도 당연히 엄마를 아프게 할 의도는 없었을 것이다. 그런데 초등학교 저학년 시기의 아이는 힘 조절을 잘 못 한다는 것이 문제였다. 자신은 살짝 흉내만 낸다는 게 내게는 '악' 소리가 나는

이제 막 복직한 김 과장에게

고통일 때가 많았다. 어느 날은 아이가 발차기를 높게 할 수 있다며 내지른 발길질에 정말 세게 걷어차인 적도 있었다. 진짜 눈물이 날 정도로 아팠다. 하지만 이런 일로 아이에게 화를 낼 수는 없었다. 아프면 그냥 눈물을 흘릴망정, 아이가 칭찬받고 싶어 하는 부분은 꼭 칭찬해주었다. 하지만 시간이 흐를수록 아이들의 에너지는 왕성해졌고 나의 체력은 더욱 고갈되어갔다. 슬슬 나도 모르게 가슴속에 화가 일어나기 시작했다. 이성보다 감정이 앞서는 순간들이 많아졌고, 아이들에게 소리라도 한번 빽 질러버리면 속이 시원할 것 같았다. 그러다 문득 '내가 정말 이러다가 깡패처럼 변하는 게 아닐까?' 그런 생각을 했다.

내가 그렇게 변하지 않으려면 어떻게 해야 할까? 깡패가 되지 않고도 아이를 잘 키울 수 있지 않을까? 나는 문득 남자아이들만의 특성을 잘 이해해야 한다는 생각이 들었다. 내 기준에서 아이를 판단하는 것을 멈추고, 남자아이들이 그렇게 행동하는 이유에 대해서 알아야겠다고 생각했다. 그래서 시중에 나와 있는 '남자아이 양육법'에 대한 책이나 영상을 찾아보았다. 뭔가 실마리가 보이는 듯했다. '아, 남자아이들만의 특징이 있었구나.' 그동안 몰랐던 차이를 알고 나니 아이들에게 화낼 일이 전보다 많이 줄어들게 됐다. 오히려 야생마 같은 남자아이에게 맘껏 활동할 수 있는 환경을 만들어주지 못하는 게 미안하기까지 했다.

2013년 9월 30일 세바시 강연 〈남자아이는 다르게 가르쳐야 합니다)에서 최민준 남아미술연구소 소장은 남다른 남자아이 교육법을 소개했다. 당시만 해도 남자아이들을 특별히 다르게 교육해야 한다는 인식이 크게 대중화되어 있지 않던 때였다. 나는 이 15분 분량의 영상을 보고 아들을 키우는 엄마로서 큰 책임감을 느꼈다. 최민준 소장은 여자아이보다 못나 보이는 남자아이를 묘사하며 이런 질문을 던졌다. "남자아이들이 못난 게 아니라 지금 세상의 교육이 어쩌면 남자아이들이 여자아이들을 이겨내기 힘든 구조로 점점 만들어지고 있는 게 아닐까요?"[1] 나는 최민준 소장의 메시지에 크게 공감했다. 내가 직접 아들을 키워보니 더욱 공감한 부분이겠지만, 남자아이가 여자아이보다 못하는 게 아니라 관심 영역이 다른 것이었다. 나는 어릴 때 사람을 잘 그리고 색칠을 다양하게 해야 미술을 잘하는 거로 생각했다. 그런데 우리 아이가 그림을 그릴 때 보면, 매번 자동차나 로봇 같은 걸 그렸다. 색칠은 검은색이나 회색, 가끔은 파란색 정도를 이용하는 게 전부였다. 이것은 남자아이가 미술을 못하는 게 아니라 그저 사람에 대한 관심이 여자아이보다 적고 밝은색을 좋아하지 않는 것뿐이었다. 반대로 여자애들은 자동차나 로봇을 그리지 않으니 비교 자체를 할 수 없는 것이 아닌가.

나는 아이가 에너지를 올바르게 분출할 수 있도록 도와주었다. 보통 남자아이들은 엉뚱한 상상을 많이 하는데 그런 상상을 현실화해주려고 노력했다. 아이가 집을 짓고 싶다고 하면 남편과 함께 하드보드지를 사 오거나 종이 박스들을 모아서 거실에 종이 집을 만들었다. 아이는 스스로 좋아하는 일을 만나게 되면 엄청난 집중력을 보이며 깊게 몰입했다. 그렇게 만든 종이 집에서 아이는 한동안 생활했다. 그런 어느 날이었다. 모처럼 쉬는 토요일 아침에 유난히 일찍 일어난 아이가 나를 흔들어 깨웠다.

"엄마, 나 카봇이 되고 싶어."

"카봇? 어떻게 하면 돼?"

"어, 일단 색종이랑 테이프가 필요해."

아이는 전날 선물 받은 헬로카봇 장난감을 가지고 놀다가 갑자기 기발한 아이디어를 생각해냈다. 자신이 직접 카봇이 되기로 한 것이다. 나는 색종이랑 테이프를 준비했다. 아이는 색종이와 테이프를 이용해 몸 전체에 색을 입히기 시작했다. 목부터 발끝까지 점점 형형색색의 형태를 갖추기 시작하자 아이와 나는 그 재미에 흠뻑 빠져들었다. 이 놀이를 하는 두어 시간 동안 아이는 말도 없이 엄청나게 몰입했다. 그렇게 온몸을 포장한 후 아이는 카봇 박스에 구멍을 만들어달라고 했다. 그리고 그 박스를 뒤집어썼다. "엄마 나 카봇 같지? 난 지금부터 카봇이다." 이날 카봇이 된 아이 때문에 가족 모두가 많이 웃었다. 심지어 그 모습으로 밖에 나가 동네를 휘젓기도 했다. 사람들이 신기한 듯 관심을 보였고 질문을 하기도 했다. 아이의 자존감이 한 뼘 높아진 듯했다.

평소에 아이와 함께 시간을 많이 보내주지 못하는 워킹맘의

경우 남자아이를 키우는 데에 오히려 장점이 될 수도 있다. 주말에 몰입해서 아이가 원하는 것을 함께 해주면 되기 때문이다. 아들을 키우면서 "안쓰럽다, 힘들겠다"고 말하는 사람들의 고정관념에 상처받거나 우울해하지 말자. 충분히 큰소리 내지 않고 아들을 키울 수 있다. 여자아이와 다른 남자아이의 특성을 이해하고 인정하자. 그것만으로도 아들에게 사랑받는 엄마가 될 수 있다.

02

친정 엄마와 함께
육아를 완주하려면…

생후 90일 아이, 어린이집 괜찮을까?

「아동학대로 인증 취소된 어린이집… 10곳 중 8곳은 A등급」

어린이집에 관한 안 좋은 소식은 잊을 만하면 꼭 등장한다. 이 헤드라인도 그런 신문기사 중 하나였다. 2022년 10월 18일 《동아일보》 기사에 의하면, 최근 5년간 아동학대와 부정수급이 적발된 어린이집 대부분은 정부 평가에서 높은 등급을 받았던 것으로 나타났다. 정부의 어린이집 평가인증 제도가 실태를 제대로 반영하지 못하고 있다는 지적이었다. 하지만 학부모 대부분은 정부의 평가인증을 믿고 어린이집을 선택한다. 그런데 높은 평가인증 등급을 받은 곳들이 아동학대와 부정수급으로 인증이 취소되었다니. 상황이 이렇다 보니 어린이집에 내 아이를 안심하고 맡겨도 되는 건지 불안할 수밖에 없다.

첫째를 임신하고 나는 고민이 많았다. 출산휴가 3개월 후 회사에 복직해야 했고 그때부턴 누군가에게 아이를 계속 맡겨야 했기 때문이다. 친정 엄마가 주 양육자 역할을 하겠지만 온종일 아이를 돌보는 건 무리라고 판단했다. 이미 둘째까지 계획하고 있던 터라 장기적인 관점에서도 도저히 안 될 것 같았다. 하지만 다른 대안을 찾기란 정말 쉽지 않았다. 육아 도우미를 고용하려니 비용이 너무 부담됐다. 정부에서 시행하는 '아이돌봄서비스'를 알아보니 시간제라는 점은 좋았지만, 아이돌보미가 계속 바뀌는 시스템이었다. 오랫동안 고민한 끝에 낮에만 잠깐 민간 어린이집에 아이를 맡기는 방법이 최선일 듯했다. 그런데 어린이집에 관한 각종 사건 사고가 자꾸 머릿속에 떠올랐다. 생후 90일밖에 안 된 아이를 어린이집에 맡겨야 한다니, 엄두가 나지 않았다. 선생님 한 명이 여러 명의 아이를 돌봐야 하는 어린이집 시스템도 막연하게 걱정스러웠다. 그렇게 시간은 흘러갔다.

다방면으로 알아보고 고민하다가 아파트 단지 내에 있는 어린이집에 전화를 했다. 한번 방문해서 상담해보고 싶다고 했더니 흔쾌히 약속을 잡아주었다. 나는 아이들의 오전 보육 시간이 끝난 오후에 방문했다. 오후 보육을 하는 아이들 몇몇이 남아 있었다. 어린이집 안에 처음 들어선 순간 나도 모르게 피식 웃음이 났다. 소인국에 들어온 거인이 된 느낌이었다. 포근함이 느껴지는 아기자기한 분위기가 좋았다. 안전을 위한 시설도 잘 되어 있고, 교실이 나이별로 분리되어 있었다. 특히 아기 침대와 각종 유아 용품이 잘 갖춰진 영유아실이 따로 분리된 것이 마음에 들었다. 편안하게 어린이집을 둘러본 뒤 선생님과 보육 상담을 했다. 그러고 나니 확신이 들 정도는 아니었지만, 차츰 어린이집에 대한 믿음이 생기는 듯했다. 당시 큰아이는 의사 표현을 전혀 할 수 없는 생후 90일이었다. 친정 엄마가 온종일 맡아줄 수 없는 상황도 아니었다. 그런데도 내가 아이를 어린이집에 맡기기로 결정한 건 나만의 한 가지 깨달음이 있었기 때문이다. 그 깨달음은 친정 엄마에게 아이를 맡기는 많은 주변 동료로부터 얻게 되었다.

동료들의 이야기에는 공통점이 있었다. 첫째를 낳고 대안이 없어서 친정 엄마한테 아이를 맡긴다. 손주가 너무 예쁘고 사랑스러운 친정 엄마는 정성을 다해 손주를 키운다. 그렇게 아이는 커가고, 아이가 커가는 만큼 친정 엄마는 늙어간다. 점점 체력이 달리는 친정 엄마는 나날이 예민해진다. 그렇게 지내다가 덜컥 둘째가 생기고, 지친 친정 엄마는 더 이상 아이를 돌봐주지 못한다. 그리하여 부부는 부랴부랴 새로운 양육자를 찾게 된다.

바로 둘째를 가질 계획이었던 나는 우선순위를 명확히 하기로 했다. 그건 주 양육자인 친정 엄마의 육아 노동 시간과 육체적 노동 강도를 최소화하는 것이었다. 그리고 친정 엄마는 남는 시간 동안 취미 활동을 하면서 자신의 스트레스를 해소하길 바랐다.

그렇게 되면 엄마에게는 황혼 육아가 스트레스가 아닌 손주를 돌보는 쏠쏠한 재미로 남을 수 있을 것이었다. 나는 내가 엄마와 육아의 동지로 좋은 관계를 유지하려면 이 방법밖에 없을 거라고 판단했다.

꼭 친정 엄마일 필요는 없다!

복직할 날이 다가오고 있었다. 아이는 새로운 환경에 적응해야 했다. 그래서 복직 일주일 전부터 아이를 한두 시간씩 어린이집에 보내기로 했다. 필요한 기본 용품들을 챙기고 아이를 겉싸개로 꽁꽁 싸서 어린이집으로 갔다. 반갑게 맞아주는 선생님 덕분에 긴장된 마음이 한층 누그러졌다. 선생님은 첫날이니 같이 있으면서 아이 상태를 관찰하자고 했다. 이런저런 얘기를 하며 한 시간 정도 있다가 아이가 잠든 후에 어린이집을 나오게 됐다. 한 시간 후에 아이를 다시 데리러 가기로 한 것이었다. 선생님 한 명이 전담으로 내 아이만 돌보는 상황이라 크게 걱정은 하지 않아도 될 것 같았다. 내가 큰아이를 맡기던 2010년에는 어린이집 무상보육 제도가 도입되기 전이어서 영아기의 아이를 어린이집에 맡기는 경우가 흔치 않았다. 선생님 한 명이 전담으로 내 아이만 돌보던 상황은 그런 이유였다. 매번 전담으로 돌보는 상황은 아니더라도 일단 네 시간 정도만 맡기기로 했으니까 그 정도면 괜찮다고 생각했다. 그렇게 조용히 인사를 하고 어린이집을 나왔다.

그런데 어린이집 문이 닫히는 순간 발걸음이 떨어지지 않았다. '정말 괜찮은 건가?' '내가 지금 잘하고 있는 건가?' '저렇게 어린 아이를 남한테 맡겨도 되는 걸까?' 갑자기 많은 생각이 쏟아졌다. 그 순간 아이에게 너무 미안한 마음과 죄책감이 밀려왔다. '무슨 일이 생기면 어쩌지?' 불안감에 도저히 집으로 갈 수가 없었다. 아이를 그냥 데리고 나오고 싶다는 생각도 들었다. 갑자기 눈물이 뚝뚝 떨어지기 시작했다. 그렇게 나는 어린이집 문 앞에 서서 한참 동안 하염없이 울었다.

내가 흘렸던 눈물이 무색할 만큼 아이는 어린이집에 잘 적응했다. 그 무렵 나는 둘째를 임신하게 되었다. 이미 한 번의 힘든 결정을 한 덕분에 둘째를 임신했을 때는 마음이 가벼웠다. 당연히 복직하기 전에 첫째가 다니는 어린이집에 아이를 맡길 생각을 하고 있었다. "선생님, 둘째 등록하려고요. 6월 예정이라 9월 초부터 보내려고 합니다." "어머님, 어떡해요. 올해는 이미 정원이 꽉 차서 내년 3월에나 입학이 가능합니다." 이게 무슨 소리인가. 생각지도 못했던 상황이 벌어진 것이었다. 첫째는 12월생이라 90일 후가 딱 입학 시기였지만, 둘째는 6월생이라 연중 입학을 해야 했다. 그런데 어린이집 정원이 있다 보니 자리가 남아야만 들어갈 수 있었다. 아이를 왜 12월에 낳지 못했을까 하는 터무니없는 생각마저 들었다. 그렇게 나의 깊은 고민은 다시 시작되었다.

이번엔 정말 친정 엄마에게 부탁할 수밖에 없을 것 같았다. 9개월이라는 시간이 정해져 있으니까 엄마도 그 정도는 버틸 수 있을 거라고 생각했다. 직장 동료들에게 조언을 구해보니 다들 그 정도는 괜찮을 것 같다며 긍정적이었다. 나도 이번엔 정말 대안이 없다고 생각했다. '퇴근하고 엄마랑 상의해보자. 엄마도 흔쾌히 동의해줄 거야.' 나는 가벼운 마음으로 퇴근 시간을 기다렸다. 그렇게 퇴근을 하고 집에 도착한 순간 나는 믿을 수 없는 광경을 목격했다. 집이 거의 전쟁터를 방불케 하는 모습이었다. 온 거실에 아이의 책과 장난감이 뒤엉켜 있었고, 한쪽엔 빨래가 수북이 쌓여 있었다. 말할 것도 없이 부엌은 폭발하기 일보 직전이었다. 그 안에서 엄마는 아이에게 밥을 먹이고 있었다. 안 먹겠다는 아이를 어르고 달래며 밥을 먹이고 있는 엄마의 모습이 낯설었다. 엄마가 10년은 더 늙어 보였다.

그날 나는 엄마에게 둘째를 9개월만 봐달라는 얘기를 차마 꺼낼 수가 없었다. 어떤 식으로든 아이를 맡길 다른 방법을 찾기로 했다. 그렇게 나는 또 한 번 용기를 내게 되었다. 정부에서 지원하는 '아이돌봄서비스'를 이용하기로 한 것이다. 아이돌봄서비스는 정부 지원 정책으로 맞벌이 가정에 만 12세 이하 아동을 대상으로 지원되는 서비스다. 이 제도는 시간제와 영아 종일제 그리고 질병감염아동지원 서비스를 제공한다. 이 중에서 나는 시간제 서비스를 이용했다. 매번 홈페이지에 들어가서 신청해야 하는 게 조금 번거로웠다. 하지만 체계적인 시스템과 합리적인 비용으로 만족도는 높았다. 이용 요금은 소득 기준에 따라 다르게 적용됐다. 소득 기준 120퍼센트 이하인 경우 4시간에 본인 부담금이 16,880원이다(2022년 10월 26일 기준). 그렇게 나는 하루에 4시간씩 9개월 동안 아이돌봄서비스로 둘째 양육을 분담했다.

돌이켜보면, 육아 기간을 통틀어 생후 90일 아이를 어린이집에 맡기는 일이 가장 큰 고민이었던 것 같다. 가장 많이 고민했고, 가장 가슴이 아팠고, 눈물도 많이 흘렸다. 내가 무슨 부귀영화를 누리겠다고 90일 된 아이를 어린이집에 맡기나 싶었다. 하루에도 몇 번씩 온갖 두려운 생각들이 나의 머릿속을 어지럽혔다. 하지만 그때의 선택은 현명했던 것 같다. 다행히 친정 엄마는 꾸준히 자신의 여가 시간을 즐기면서 육아를 거들었기 때문이다. 물론 여러모로 힘이 들었겠지만, 여가 시간을 통해 꾸준히 에너지를 충전한 것은 많은 도움이 됐으리라 생각한다.

계명대병원 연구팀이 분석한 결과에 따르면, 손자녀 육아를 하는 조부모는 우울증에 걸릴 위험이 43퍼센트 감소했다고 한다.2 손자녀와 함께하면서 재롱도 보고 키우는 보람도 느끼기 때문일 거라 추정된다. 이 결과는 황혼 육아의 단점을 최소화하고 장점을 최대한 살린다면 건강에 긍정적인 효과를 줄 수 있다는 의미다. 아이를 보육시설에 맡기기에 앞서 엄마는 많이 걱정되고 불안할 수밖에 없다. 하지만 그런 불안함 때문에 친정 엄마에게 온전히 양육을 맡기는 것 또한 신중하게 고려해야 할 부분이다. 양육은 장거리 달리기이고 그 누구도 중도에 하차하면 안 되기 때문이다. 아이를 직접 키울 수 없는 워킹맘에게 가장 중요한 것은 주 양육자다. 주 양육자가 꼭 친정 엄마일 필요는 없다. 하지만 그게 누구든 워킹맘과 함께 끝까지 육아를 완주할 수 있어야 한다.

03
일하는 엄마의 죄책감

"저 집 엄마가 일해서 그래"

"진수 엄마, 진수는 초등학생인데 아직도 내복을 입고 놀이터를 나오더라. 애를 그렇게 키우면 어떡해. 아휴, 엄마가 일을 해서 그래…." 피가 거꾸로 솟는 기분이었다. 어이없고 황당했다. 말끝마다 눈을 흘기며 질투 섞인 목소리로 그 사람은 내 아이가 어떤 행동을 하든 '엄마가 일해서 그렇다'고 말했다. 설사 그게 사실이라고 해도 어떻게 대놓고 아무렇지도 않게 그런 얘기를 할 수 있는지 이해가 되지 않았다. 나는 아이를 키우면서 시간이 해결해주는 문제에 대해서는 여유를 갖고 기다리는 편이었다. 때가 되면 저절로 고쳐질 일을 굳이 당장 바로잡기 위해 에너지를 낭비할 필요는 없다고 믿었다. 그건 내가 일하는 엄마여서가 아니라

이제 막 복직한 김 과장에게

나의 '육아 철학'이 그들과 다른 것뿐이었다.

큰아이가 초등학교에 입학하고 나서 적응하기 힘든 일이 하나 생겼다. 그건 바로 동네 엄마들과의 관계였다. 내가 직장에 다니기도 했고 큰아이가 타 지역에서 유치원을 다녔던 터라 그때는 동네 엄마들과 안면이 없었다. 그러다가 아이가 초등학교에 들어가고 나니 같은 반 엄마들과 자연스럽게 교류가 시작되었다. 집이 가까운 엄마들이 모여 몇 개의 그룹이 형성되었다. 같은 그룹에 속한 엄마들은 서로 아이들의 생일을 챙겨주고, 아이들끼리는 같이 만나서 놀기도 하고, 학교생활의 정보도 공유했다. 그런데 이 그룹은 이해하기 어려우면서 한편으로 우습기도 한 점이 있었다. 나이가 많은 사람이 '언니'라고 불리며 대장 역할을 하는 것이었다. 그 사람의 말은 그룹 내에서 진리가 됐다. 그 '언니'는 아무리 친해도 서로 하지 말아야 하는 말도 망설임 없이 내뱉었다.

"엄마가 일하는데 애 키즈폰 하나 해줘."

"어이구, 엄마가 직장 다니니까 애 밥을 그렇게 먹이지."

"엄마가 일도 하는데 첫째 생일 파티 크게 한번 해줘."

"엄마가 일하니까 애가 옷을 어떻게 입고 나오는지 모르나 봐."

특히 남의 육아 방식에 대해 지나친 조언을 일삼았다. 걱정하는 척하며 이래라저래라 참견하는 정도가 지나쳤다. 나는 기분이 썩 유쾌하진 않았지만, 겉으로는 웃으며 수긍하는 반응을 보였다. 그동안 내가 만난 엄마들은 대부분 워킹맘이었는데, 이 동네 엄마들은 의외로 전업주부가 많았다. 그러다 보니 그들은 자주 만나 정보를 나눴고, 아이들을 같은 학원에 보내기도 했다. 나는 본능적으로 이 그룹에서 빠지면 안 된다는 걸 느꼈다. 어쨌든 엄마들이 만나야 아이들이 그룹에서 제외되지 않고 함께 놀 수 있기 때문이었다. 그래서 나는 더 순진한 양처럼 '언니'의 모든 말에 수긍하는 척했다. 그들의 지나친 조언은 그냥 한 귀로 듣고 한 귀로 흘리면 된다고 생각했다. 그런데 어느 순간 내가 그런 말들에 휘둘리고 있다는 걸 느끼게 되었다.

'내가 일하는데 아이한테 키즈폰 하나 해주는 게 맞겠지?' '내가 아이에게 식사 예절을 제대로 못 가르쳤나?' '생일 파티는 어떻게 해주지?' '얘는 도대체 옷을 어떻게 입고 다니는 거야?' 그렇게 키즈폰을 사주게 되었고, 엄마들과 함께 모일 때면 아이 행동에 예민해졌다. 집에 있는 아이 옷 상태가 어떤지 체크해보게 되었고, 생일 파티 장소를 따로 시간 내어 찾아보게 되었다. 엄마들이 지나가는 말로 툭툭 던지는 '일하는 엄마'라는 말이 나에게 이상한 죄책감을 느끼게 했다.

실제로 많은 워킹맘이 일과 육아 사이에서 제 역할을 하지 못해 죄책감을 느끼고 있다. TV 프로그램 〈신상출시 편스토랑〉에서 한지혜 배우는 연예인과 엄마 사이에서 자신이 느끼는 고충을 이렇게 토로했다. "나를 챙기면 내 마음과 몸이 모두 좋아지지만 아이한테 너무 미안하고, 아이를 챙기면 내 마음이랑 몸이 아픈 것

이제 막 복직한 김 과장에게

같다. 처음 엄마가 되고 나서 이걸 조절하는 게 쉽지 않았는데, 지금은 밸런스를 찾아가려고 노력하고 있다. 나는 늘 죄책감과 싸우고 있다." 워킹맘인 박솔미 배우도 아이가 소중하고 지금의 시간이 다시 없을 것이기 때문에 "충실해야 해"라고 다짐하면서도, 정작 사회에 나가서는 자신을 더욱 돋보이게 하고 싶은 생각이 든다며 한지혜 배우의 마음에 공감했다. 나는 두 사람의 이야기를 들으면서 생각했다. '이 세상의 모든 엄마는 어떤 직업을 가지고 있건 간에 부모로서 느끼는 감정은 같구나.' 겉으로 화려해 보이는 그들 역시 엄마로서 아이와 오랫동안 함께 있어 주지 못하는 데에서 오는 죄책감과 싸우고 있는 것이었다.

죄책감 대신 아이에게 집중하자

한 언론 기사에 따르면, 2014년 마인드프리즘에서 '직장인 마음건강 캠페인 워킹맘편'을 개최해 500명의 '내 마음 보고서'를 분석해 발표했다.[3] 이 보고서에 따르면, 엄마가 죄책감이 심할 경우 아이에 대한 감정 과잉으로 이어지고, 특히 워킹맘의 경우 순간적으로 감정 조절이 어려워질 수 있다고 한다. 워킹맘들이 사회적 활동을 통해 심리적 균형을 유지하고 있는 것으로 보일 수 있지만 강한 책임감으로 인해 자기 마음이 지친 상태라는 걸 모를 때가 많다는 것이다. 따라서 워킹맘은 스스로 자신의 상태를 자주 되돌아볼 필요가 있다고 한다. 나는 이 글이 누군가가 나를 관찰하고 쓴 보고서 같았다. 내가 느끼는 죄책감은 아이에 대한 미안한 마음으로 이어진다. 그리고 그 미안한 마음은 곧 아이를 한없이 가엽게만 느끼게 한다. 그런 날이면 아이를 향한 내 감정은 주체할 수 없이 흔들린다. 나는 스스로 내 마음의 상태를 자주 들여다봐야 한다는 걸 깨달았다. 그리고 나를 힘들게 하는 죄책감에서 벗어나려고 노력해야 한다는 걸 알았다.

어느덧 아이가 1학년을 마쳤다. 계속 관계를 이어가자던 엄마들과도 자연스럽게 멀어졌다. 우선 마음이 너무 편했다. 돌이켜보면 내가 꼭 아이만을 위해서 엄마들과 친하게 지냈던 건 아니었던 것 같다. 가장 큰 이유는 나의 불안감이었다. 나는 학부모로서 일종의 긴장감을 갖고 있었다. 내 아이가 새로운 친구들과 잘 지낼 수 있을지, 내가 학교생활의 정보를 놓치고 있지 않은지 자꾸 걱정하고 확인했다. 이런 불안감들이 나를 어딘가에 소속되게 만들었던 것이다. 엄마들과 멀어지면서 나의 불안하고 무거운 마음도 조금씩 가벼워졌다. 나는 오히려 내가 워킹맘이어서 다행이라고 생각했다. 워킹맘이어서 나는 내 아이만 바라볼 수 있었고, 내가 워킹맘이어서 나의 육아 철학대로 아이를 키울 수 있었으며, 내가 워킹맘이어서 동네 엄마들과 불편한 관계를 이어가지 않아도 되었던 건 아닐까? 이런 생각을 하다 보니 자신감이 생기는 듯했다.

어느 날 인터넷 뉴스에서 눈에 띄는 기사를 발견했다. 「워킹맘'

죄책감 그만, 자녀들 오히려 잘 큰다」라는 제목의 기사였다. 이 기사는 샌프란시스코에서 로스앤젤레스까지 출퇴근을 강행한 샌프란시스코대학교 법대 교수인 라라 바젤론Lara Bazelon의 이야기였다. 바젤론 교수도 워킹맘으로 살아오면서 자녀 문제에 대한 고민을 끊임없이 했다고 한다. 하지만 수년 동안 자신의 커리어 쌓기와 육아를 병행하며 그녀가 내린 결론은 '엄마가 자신의 커리어에 우선순위를 두는 것이 아이에게도 좋다'는 것이다. "커리어 성공은 (여성이) 아이들에게 본보기가 되게 한다. 개인의 꿈과 야망을 좇는 과정에서 워킹맘들은 자신의 강인함, 독립성, 능력을 아이에게 보여준다."4 엄마가 야망을 갖고 일을 하는 것이 좋은 부모로서 결격사유가 된다는 것은 틀린 말이다. 엄마가 열심히 일하는 모습을 보여주는 것만으로도 아이에게 충분히 좋은 영향을 미칠 수 있다. 그리고 엄마가 워킹맘이어도 아이들은 충분히 행복할 수 있다.

　나는 내가 일하는 것에 대해 더 이상 죄책감을 느끼지 않기로 했다. 내가 워킹맘이기 때문에 아이들에게 해줄 수 있는 많은 것들에 중점을 두기로 했다. 실제로 나는 주말 동안 아이에게 온전히 집중한다. 주말엔 되도록 아이가 원하는 것을 해주려고 노력한다. 요리를 좋아하는 큰아이와는 핫도그에서부터 오므라이스까지 다양한 요리를 함께 만들었다. 여행을 좋아하는 둘째 아이와는 주말을 이용해서 단둘이 여행을 다녀오기도 했다.

밖에서 내복을 입고 다니는 아이에 대한 훈계를 듣고 난 며칠 뒤였다. 그날도 평소와 같이 옷을 갈아입고 나가라는 내 얘기에 아이는 괜찮다며 급히 놀이터로 뛰어나갔다. 그런데 얼마 후 아이가 헐레벌떡 집으로 돌아왔다.

"진수야, 왜 벌써 들어왔어?"

"아이참 엄마, 옷 갈아입고 나가야지. 이제 여덟 살인데 아직도 내복 입고 나가면 어떡해."

아이는 되레 나를 가르치듯 말하며 옷을 갈아입고는 다시 뛰어나갔다. 그날 아이는 스스로 부끄러움을 느꼈을 것이다. 어떤 부분은 이렇게 시간이 자연스럽게 해결해주기도 한다. 그냥 기다려주는 것이 더 좋을 때도 있다. 일하는 엄마라고 해서 죄책감을 느끼지 말자. 죄책감을 느끼는 대신 아이에게 해줄 수 있는 부분에 더 집중하자. 그리고 나만의 육아 철학을 갖자. 죄책감보다는 나만의 확고한 육아 철학으로 흔들림 없이 아이를 키우는 것이 더 중요하다.

04
전업맘이면
정말 다 괜찮을까?

내게 찾아온 전업맘의 생활

'나도 전업맘이 되면 아이와 매일 즐거운 시간을 보낼 수 있겠지? 유치원 끝나고 놀이동산이나 동물원에도 가고 자전거도 타고⋯.' 나는 아이와 시간을 많이 보내지 못하는 게 늘 아쉬웠다. 특히 평일에 유치원이 끝난 뒤 엄마들이 삼삼오오 모여 아이들과 함께 시간을 보내는 게 가장 부러웠다. 그래서 간혹 전업맘이 되어 아이와 즐거운 시간을 맘껏 보내는 나를 상상하기도 했다. 30대 중반을 넘어서면서 주위에 직장을 그만두고 전업맘이 된 동료들이 하나둘 생겨났다. 나는 그런 동료들을 만나면 그저 부러워서 '아이가 참 좋아하겠어요'라는 말이 절로 튀어나왔다. 워킹맘으로 살아가는 것이 아이에게 늘 미안했고, 많은 시간을 아이들과 함께 있어 주지 못하는 죄책감이 마음 한편에 있었기 때문이다. 동료들 앞에서 말은 그렇게 하면서도 회사를 그만둘 용기는 생기지 않았다. 솔직히 말해서 나는 집에서 살림만 하고 살자신이 없었다.

"전업맘으로 살아도 아이에게 하루하루 미안하네요. 함께 있으면 칭찬도 더 많이 해주고, 아이의 말에 귀 기울일 줄 알았어요. 그런데 안 보면 그냥 지나쳤을 일도 보게 되니 자꾸 잔소리만 늘어가네요. 점점 세상과 단절되는 것 같고, 해도 해도 티 나지 않는 살림만 하다 보니 이렇게 사는 게 맞는 건가 싶어요." 전업맘이된 동료나 후배들과 이야기를 나누다 보면 이런 말을 자주 듣게된다. 전업주부로 사는 엄마들은 애들을 유치원에 등원만 시키면되는 줄 알았다. 그러고 나면 운동도 하고 자기 생활을 여유롭게즐기며 하루를 보내는 줄 알았다. 그런데 막상 전업맘이 되면 결코 한가롭고 여유 있는 시간이 없다는 것이다. 오히려 회사에 다닐 때가 차 한잔을 더 편하게 마실 수 있고, 동료들과 수다 떨 수있는 여유도 있다는 이야기였다. 나는 사실 동료들의 이런 이야기가 별로 공감되지 않았다. '하루 종일 집에 있는데 여유 있게 차한잔 마실 시간은 있지 않을까? 아무리 그래도 운동하고 차 한잔마실 시간은 있겠지….'

그렇게 남의 이야기 같던 전업맘의 생활이 내게도 찾아왔다. 회사가 인수합병이 되면서 구조조정으로 회사를 그만두게 된 것

이제 막 복직한 김 과장에게

이다. 당시 나는 직장 생활 10년 차, 워킹맘 6년 차였다. 정신적인 충격이 없던 건 아니었다. 그렇지만 한편으로 아이와 함께 시간을 보낼 수 있으니 잘됐다고 스스로 위로했다. '잠시 쉬면서 나도 전업맘으로 지내보자.' '이건 쉬어 가라는 신의 계시야.' '경력이 있으니까 쉬면서 천천히 다시 이직하면 되지 뭐.' 이렇게 생각하니 내심 기대되는 부분도 있었다. 그동안 해보고 싶은 것도 많았고, 회사에 다시 들어가게 되면 다시 오지 않을 시간이라는 생각도 들었다. 그렇게 나는 앞으로의 하루하루가 온전히 나만의 시간이 될 거라 기대했다.

　하지만 동료들의 말처럼 하루 중 한가롭고 여유 있는 나만의 시간은 그리 많지 않았다. 당시 큰아이는 일곱 살 유치원생이었다. 나는 발도르프Waldorf 교육에 관심이 많아 아이를 동네 일반 유치원이 아니라 타 지역의 대안 유치원에 보내고 있었다. 유치원은 차로 20분 거리에 있었는데, 유치원 차량이 오지 않는 지역이라 내가 등하원을 시켜야 했다. 오전 8시 30분쯤 아이를 데려다주고 집에 오면 9시 30분, 그러고 나서 오후 1시 30분에 또 아이를 데리러 가야 했다. 내게 어떤 일이 생기더라도 그 시간은 바뀌지 않았다. 유치원이 끝나고 나면 엄마가 하원을 시키는 아이들은 한동안 유치원 앞 놀이터에서 친구들과 함께 놀 수 있었다. 엄마가 갑작스레 전업맘이 된 덕분에 진수도 그 아이들 틈에 끼게 됐다. 그동안 아이가 얼마나 친구들과 놀고 싶었을까 하는 생각에 마음이 짠했다. 다시 할머니가 데리러 오면 놀 수 없으니, 내가 있는 동안에라도 맘껏 놀게 해주고 싶었다. 아이가 노는 동안 기다리는 엄마들과 대화를 나누게 되었다. 그렇게 자연스럽게 엄마들과의 커뮤니티가 형성되었다.

나는 내가 일을 쉬는 동안 아이에게 무엇보다도 친구들을 만들어주고 싶었다. 그 시기의 아이들은 대개 엄마들끼리 친해야 아이들도 친구가 될 수 있었다. 그래서 나는 같은 반 친구 엄마들과 친해지려 노력했다. 다행히 대안 유치원을 보내는 엄마들인 만큼 비슷한 육아 철학을 가지고 있어 마음이 잘 맞았다. 그런 시간들이 점점 편하고 즐거웠다.

육아는 양보다 질이다

처음엔 아이를 등원시키면 집에 와서 개인적인 일을 처리하고 다시 아이를 데리러 갔다. 그런데 점점 유치원 엄마들과 친분이 쌓이면서 등원과 하원 시간 사이에 엄마들과의 약속이 하나둘 생겼다. 커피를 마시거나 조조 영화를 보기도 했다. 누군가가 제안하면 나는 무조건 참여했다. 아이한테 친구를 만들어준다는 명분도 있었지만 사실 그 시간 자체가 즐거웠다. 아이를 유치원에 보내고 여유 있게 엄마들과 차를 마시는 시간, 이건 내가 꿈꾸던 이상적인 전업맘의 생활이었다.

그러던 어느 날이었다. 그날은 엄마들과 조조 영화를 보러 가기로 한 날이었다. 아이를 유치원에 등원시키고 바로 극장으로 가야 하는 빠듯한 일정이었다. 영화표도 미리 예매해두었기 때문에 나는 마음이 조급했다. 아이를 빨리 유치원에 등원시켜야 한다는 생각밖에 없었다. 그런데 그날따라 아이의 몸 상태가 조금 안 좋아 보였다. 아니나 다를까 아침부터 아이는 유치원에 안 가겠다고 투정을 부리기 시작했다.

"엄마 나 오늘 유치원 안 가."

"왜? 유치원 가야지. 유치원을 왜 안 가."

"나 머리가 아파. 오늘은 그냥 유치원 안 갈 거야."

"진수야, 유치원은 가야 돼. 일단 가고, 대신 엄마가 오늘은 30분 일찍 데리러 갈게. 알겠지?"

나는 순간 당황스러웠다. 어떻게 해야 하나 고민하다가 아이에게 오늘은 30분 일찍 데리러 간다고 약속했다. 그렇게 어르고 달래서 간신히 유치원에 보냈다. 조조 영화는 재밌었다. 모처럼 평일 아침에 텅 빈 영화관에서 여유 있게 영화를 보는 기분은 말로 표현할 수가 없었다. 진정한 전업맘의 여유를 즐긴 듯했다. 그리고 영화가 끝나자마자 약속대로 30분 일찍 아이를 데리러 갔다. 한껏 들뜬 목소리로 아이를 불렀는데, 아이의 표정이 심상치 않았다. 얼굴이 벌겋게 달아올랐고 몹시 지쳐 보였다. 생각해보니 아침에도 아이에게 미열이 있었던 것 같다. 아픈 애를 유치원에 보내놓고 영화를 보러 간 것이었다.

내가 워킹맘이었을 때 출근하려고 집을 나서면 아이가 목 놓아 우는 날이 있었다. 아이는 급한 마음에 커다란 어른 신발을 신고 현관문 밖까지 따라 나왔다. 그리고 내 손목을 붙들고는 회사에 안 가면 안 되느냐고 서럽게 울었다. 그런 아이를 뒤로하고 출근할 때면 눈물이 핑 돌았다. 그래서 전업맘이 되면 온전히 아이에게만 집중할 거라 다짐했다. 하지만 전업맘이라고 해서 하루 종일 아이를 챙길 수 있는 것도 아니었고, 일을 하지 않는다고 해서 아이에게만 집중할 수 있는 것도 아니었다. '육아는 양보다 질'이라는 것이 무슨 의미인지 그때 깨닫게 되었다.

우연히 TV에서 오은영 박사가 출연하는 〈대화의 희열 3〉이라는 프로그램을 보게 되었다. 오은영 박사의 말에 출연진 모두는 아이에게는 같이 보내는 시간의 양보다 질이 중요하다는 데에 공감했다. 그러면서 출연진은 자신이 간직하고 있는 부모님과의 추억을 떠올렸다. 오은영 박사는 주말까지 일하던 바쁜 아버지를 따라 충무로에 있는 지하 다방에 갔던 추억을 말했다. 함께 출연한 가수 유희열도 어린 시절 어머님과 국립현대미술관에서 열렸던 인상파 미술전에 갔던 기억을 회상했다. 그들은 딱 한 번 겪은 일이었는데, 그것이 평생 기억에 남는 인생의 이벤트였다고 했다. 아무리 바쁜 부모라도 아이와 단 하루, 아니 단 한 번의 추억은 만들어줄 수 있다. 아이들에게는 잊지 못할, 그 한 번의 추억이 평생에 남는 기억이 될 수도 있다.

전업맘이 느끼는 죄책감이 있다. 이는 워킹맘의 죄책감이 아닌 또 다른 유형의 감정이다. 함께 있는 시간이 많은 만큼 더 잘해주지 못한다는 죄책감. 일을 하는 것은 아니지만 나만의 시간을 보내느라 아이를 돌보지 못했다는 죄책감…. 전업맘으로서 나는 스스로 더욱 완벽한 엄마가 되어야만 할 것 같았다. 그런데 그렇지 못했기에, 내가 여전히 좋은 엄마가 아니라는 생각에 괴로웠다. 함께하는 시간이 많으면 많을수록 좋은 엄마가 되는 걸까? 아이와 하루 종일 함께하면서 매 순간 아이에게 좋은 엄마가 될 수는 없다. 엄마도 엄마만의 시간이 필요하다. 매 순간 좋은 엄마가 되려고 하기보다, 단 한 번이라도 아이와 잊지 못할 추억을 만들어보는 건 어떨까. 전업맘들에게 이렇게 말하고 싶다. "육아는 양보다 질이다."

05
슈퍼맘은
정중히 사양합니다

정말 슈퍼맘으로 살 수 있는 걸까?

'슈퍼맘'이란 용어를 들어봤는가? 네이버 사전을 찾아보면 "육아와 집안일, 직장 일을 모두 잘하는 엄마"라는 의미다. 슈퍼맘은 모든 것이 다 제대로 흘러가도록 만드는 능력을 갖춘 여성이다. 그리고 스스로 건강하면서 모든 것에 능수능란한, 그야말로 '완벽한 여성'을 뜻하는 표현일 것이다. 우리는 주변에서 수없이 많은 슈퍼맘의 사례를 듣게 된다. 직장을 다니면서 부모의 도움 없이 살림과 육아를 해내는 사람, 아이를 키우면서 1인 사업가로 성공한 사람, 이 모든 걸 해내면서 자기 계발에 건강까지 챙기는 사람들의 이야기 말이다.

최근에 인터넷에서 이런 기사를 보았다. 「80억 CEO 현영, 의류사업에 육아까지…」.5 이 기사는 두 아이의 엄마이자 CEO인 배우 현영의 하루 일상을 담고 있었다. 현영은 11세 딸과 6세 아들을 키우면서 의류 사업으로 80억 매출을 올렸다고 한다. 그녀는 동시에 또 다른 회사를 운영 중이기도 했다. 이렇게 바쁜 일상을 살아가면서 몸 관리를 위해 짬 나는 대로 운동도 하고 있었다. 워킹맘으로 사업과 육아도 잘하고, 자기 관리까지 완벽한 진정한 슈퍼맘의 모습이었다. 나도 한때는 이런 슈퍼맘이 되고 싶었다. 일과 육아, 살림 모두에서 완벽한 사람이 되는 건 얼마나 멋진 일인가. 회사에서는 커리어 우먼으로 성공하고, 가족에게 맛있는 음식을 척척 해내고, 집도 항상 깨끗하게 유지하는 그런 워킹맘의 모습. 누구의 도움도 받지 않고 일과 가정에서 모든 역할을 완벽히 해내고 싶은 마음이 나에게도 있었다.

나는 무엇보다 시행착오 없는 완벽한 육아를 꿈꿨다. 일도 계속하면서 아이도 누구보다 잘 키워내고 싶었다. 육아서도 아이를 임신하기 훨씬 전부터 읽기 시작했다. 〈우리 아이가 달라졌어요〉라는 TV 프로그램을 빠짐없이 보았다. 그러면서 나는 아이를 낳으면 물질적, 정신적으로 완벽한 엄마가 되리라 다짐했다. 첫째를 임신하고는 태교에 온 신경을 쏟았다. 아이를 위해 태교 동화를 열심히 읽어주었다. 그러면서 배 속의 아이와 끊임없이 대화했다. 태교 음악을 계속해서 들었고, 인스턴트 음식과 커피를 끊었으며, 좋아하던 맵고 짠 자극적인 음식도 멀리했다. 나는 좋은 것만 보고, 좋은 음식만 먹어야 한다고 생각했다. 그래서 전철을 타고 편도 한 시간 이상의 거리를 출퇴근하면서 도시락을 싸서 다녔다.

아이를 낳고 나서 3개월의 출산휴가를 마치고 회사에 복직했다. 당시 나는 모유 수유를 하고 있었기 때문에 복직한 후에는 유축기를 들고 다녔다. 하루에 두 번, 20분 정도의 시간이 걸렸다. 그렇게 유축을 해가며 13개월까지 아이에게 모유를 먹였다. 아이가 5개월이 되면서부터는 이유식을 함께 먹여야 했다. 발달 단계에 맞는 영양을 고루 갖춘 이유식을 아이에게 먹이고 싶었다. 이유식 책을 찾아 꼼꼼히 살피며 온갖 유기농 재료들을 구입했다. 내가 직접 끓이기도 했고 엄마나 동생을 괴롭히며 부탁하기도 했다. 가끔 넉넉하게 만들어 냉동시키기도 했다. 하지만 가능하면 아이에게 신선한 음식 재료를 주기 위해 하루나 이틀 정도 분량을 주기적으로 만들었다.

그런데 일하는 엄마로 살다 보니 한계가 있었다. 내가 원하는 만큼 이르기에는 뭔가가 부족했다. 열정이 있어도 체력이 부족했다. 아무리 그럴듯한 계획을 세워도 시간이 부족했다. 어느 날 문득 현실적으로 실행 불가능한 목표들을 계속 세우고 있는 나 자신을 발견했다. 그리고 그것들을 달성하지 못하는 나 자신을 끊임없이 자책했다. 정말 완벽한 슈퍼맘으로 살 수 있는 걸까?

건강한 워킹맘을 위한 세 가지 조언

고려대 안암병원 정신건강의학과 한규만 교수 연구팀이 평상시에 느끼는 '일과 가정 갈등work-family conflict'의 정도와 우울 증상 간의 상관관계를 분석했다.6 이 연구에 따르면, 높은 수준의 일과 가정 갈등을 느끼는 여성 근로자는 낮은 수준의 갈등을 느끼는 근로자에 비해 우울 증상을 경험할 위험성이 2.29배 높았다. 또한 이 위험성은 20~30대의 젊은 여성, 교육 수준이 높은 여성, 소득이 높은 여성, 한 명의 자녀가 있는 여성, 비정규직 여성 근로자, 서비스직에 종사하는 여성에서 두드러지게 나타났다. 다시 말해, 일과 가정 갈등이 큰 '슈퍼맘'인 경우 우울증에 걸릴 위험이 높다는 연구 결과였다. 내가 스스로를 책망하며 쌓아간 그 감정은 일종의 우울증이었던 것이다. 나는 직장에서 관리직을 맡고 있다. 회사에서 승진할수록 직무에 대한 책임이 높아진다. 그러면서 직무를 완벽하게 수행해야 한다는 심리적 부담감도 커진다. 여기에다 나는 육아까지 완벽하게 해내고 싶었던 것이다. 강동소아정신과의원 김영화 원장은 「슈퍼맘은 없다」라는 제목의 칼럼에서 이렇게 말했다.

완벽하고 헌신적인 '최고의 모범 엄마' '슈퍼맘'이 되려다 보면 오히려 엄마가 우울증에 시달리게 된다. 행복한 아이를 위해서 행복한 엄마가 되어야 한다. '슈퍼맘'은 없다. 아이들에게 필요

한 것은 최고의 엄마가 아니라 편안하고 따뜻한 엄마, 행복한 엄마이다.[7]

김영화 원장은 주위에 도움을 구해서 자신을 위한 시간을 갖는 것이 필요하다고 말한다. 엄마들은 '5 대 3 대 2의 법칙'에 따라 평소 자신에게 50퍼센트의 시간과 열정을 쏟아야 한다. 30퍼센트는 배우자에게 그리고 나머지 20퍼센트를 자녀에게 마음을 주는 것이 정신 건강을 위해 바람직하다고 강조한다. 나는 '슈퍼맘 콤플렉스'에서 벗어나기로 했다. 내가 완벽한 엄마가 되어야겠다고 다짐하는 순간 스트레스를 받게 된다는 걸 깨달았다. '완벽'이라는 환상에 나를 가두지 않고 나 자신을 너그러이 이해해주기로 했다. 그리고 나는 나를 돌아보게 되었다.

나는 어떤 사람인가?
나는 어떤 때 가장 행복한가?
나는 어떤 때 가장 많이 화가 나는가?

이렇게 생각해보니 부담스럽게만 느껴졌던 엄마 역할에 대한 무게가 조금은 가벼워졌다. 육아와 집안일, 직장 일에 배우자 역할까지 완벽하게 하며 행복한 시간을 보내는 것은 한 사람이 짊어지기엔 너무 큰 책임이다. 그래서 완벽해지려고 애쓰기보다 내가 할 수 있는 일을 찾기로 했다. 15년 동안 워킹맘으로 지내면서 슈퍼맘이 아닌, 건강한 워킹맘이 되기 위해 내가 하는 것은 다음의 세 가지다.

첫 번째, 아이들에게 자주 '사랑한다'고 얘기해준다.

여드름이 울긋불긋 올라오는 청소년 아들도 사랑한다는 말을 들으면 배시시 웃는다. 처음엔 어렵지만, 자꾸 말하다 보면 해도 해도 모자라는 말이라는 걸 느끼게 된다. 그리고 자꾸 말하다 보면, 어느 순간 아이의 입을 통해서 사랑한다는 말을 들을 수 있게 된다.

두 번째, 처리해야 하는 일이 많을 경우 우선순위를 정한다.

회사에서는 개인적인 잡담이나 쓸데없는 일에 되도록 시간을 낭비하지 않는다. 최대한 집중력을 끌어올려 업무 시간 내에 일을 마치고 가급적 정시에 퇴근한다. 퇴근길에 해결할 수 있는 일이 있다면 미리 체크하고 가는 길에 처리하는 것도 좋다. 집에 도착하면 집안일보다 아이에게 먼저 집중한다. 아이가 하루 동안 겪었던 이야기를 들어주면서 기쁘고 힘들었던 일에 공감해준다.

세 번째, 아이들에게 집안일의 즐거움을 느끼게 해주고 남편에게도 협조를 구한다.

특히 아이들이 어렸을 때부터 수건이나 본인 빨래 정리 등의 간단한 집안일부터 할 수 있게 해준다. 그렇게 집안일에 즐거움을 느끼게 되면 커가면서 설거지, 재활용 분리수거, 화장실 청소 등으로 그 영역이 확장된다. 그리고 남편이 집안일을 알아서 해주리라 기대하기보다 어떤 부분을 어떻게 하면 되는지 구체적으로 설명해준다. 가족들과 집안일을 분담하게 되면 당연하게 삶의 만족도가 올라간다.

워킹맘으로 정신없이 지내온 지 15년이란 시간이 흘렀다. 정말 정신없이 앞만 보며 달려왔다. 돌이켜보면, 내가 완벽한 슈퍼맘이 되려고 하면 할수록 결과는 항상 그렇지 못했다. 아이들에게 화를 내고 잔소리할 때는 아이들의 잘못보다 나의 스트레스가 더 큰 원인이었다. 그러고 나서 나 스스로 화를 제대로 통제하지 못했다는 자괴감에 시달리곤 했다. 이제는 깨닫게 됐다. 진정한 슈퍼맘이 되려면 나 자신을 먼저 돌봐야 한다는 것을. 정성스레 아이들을 돌보는 만큼 엄마인 나 자신도 돌봐야 한다. 아이들을 잘 키우려면 신체적·정신적·감정적인 부분이 모두 안정적인 상태여야 하기 때문이다.

일과 육아 모두를 잘 해내야 한다는 압박에서 벗어나자. '완벽한 엄마 콤플렉스'에 자신을 가두지 말자. 그리고 설사 엄마로서 부족하다고 느끼더라도 나 자신을 미워하지 말자. 지금도 충분히 잘하고 있다고 스스로를 다독여주자. 다 괜찮아질 것이다.

06

일과 가정,
둘 다 잡을 수 있을까?

경력이 단절된 첫 직장 동료

"저도 팀장님처럼 아이 낳고도 계속 일하고 싶어요. 아이 키우면서 일하는 거 정말 대단한 것 같아요." 내가 사회 초년생이었을 때 워킹맘 선배들을 보면 정말 대단하다고 생각했다. '나도 결혼하고 애 낳고도 계속 일할 수 있을까?' '일하면서 어떻게 애를 키우지?' '내 몸 하나 마음대로 할 수 없는데, 정말 대단하다.' 그런 생각밖에 들지 않았다. 그런데 시간이 지나고 보니 어느덧 내가 후배들에게 같은 이야기를 듣는 입장이 되었다. 간혹 '애를 키우면서 어떻게 일을 하느냐, 그것도 아들 둘을, 정말 존경스럽다' 같은 이야기를 듣다 보면, 나도 내가 어쩌다가 워킹맘으로 살게 되었나 싶어 새삼스러울 때가 있다. 그렇게 대단해 보였던 그 자리에 어느새 내가 서 있게 된 것이다.

그러나 나는 대단한 사람이 아니다. 애를 키우면서 계속 일을 할 수 있었던 이유는 아마도 일을 그만두지 않아도 되었던 환경 때문인 듯하다. 사실 그 이유가 가장 크다. 조남주 작가의 『82년생 김지영』에 나오는 이야기처럼 많은 워킹맘이 실제로 육아 때문에 퇴사를 결정한다. 나에게는 육아를 도와줄 사람이 옆에 있었다. 아무리 능력 있는 여성이라고 해도 양육의 도움을 받지 못하면 일을 그만둘 수밖에 없다. 경력과 능력이 충분했던 내 동료도 두 아이의 양육 문제로 퇴사를 결정했다. 이것이 대한민국에서 일하는 여성의 현주소다. 통계청이 발표한 2021년 상반기 기혼 여성의 고용 현황에 따르면, 일을 포기한 경력 단절 여성의 수가 145만 명에 육박한다. 그중 65퍼센트가량이 출산과 육아가 원인인 것으로 나타났다.[8] 이런 현실에서 두 아이를 키우면서 일하고 있는 나는 과연 대단히 뛰어난 사람일까? 능력이 뛰어나기보다는 운이 좋은 사람일 것이다. 결국 '양육을 도와주는 가족'이 직장인 커리어의 승패를 좌우하기 때문이다.

첫 직장 동료가 떠오른다. 나의 첫 회사는 소규모의 무역회사였다. 오직 수출만 하는 회사의 해외 영업팀에서 외국 바이어들을 상대하는 게 나의 업무였다. 당시 나는 영어로 커뮤니케이션이 원활하다는 것 말고는 그리 내세울 능력이나 스펙이 없었다. 좋은 대학을 나온 것도 아니었고 대단히 높은 토익 점수의 소유

자도 아니었다. 게다가 나이가 어린 것도 아니었다. 실제로 회사에 입사하고 보니 나보다 1년 선배였던 사수의 나이가 나보다 한 살 어렸다. 처음엔 좀 불편했지만, 그럭저럭 함께 일하는 데에는 문제가 없었다. 그렇게 회사 생활에 적응이 될 즈음, 스페인어를 구사하는 직원을 새로 채용하게 되었다. 회사의 남미 쪽 비즈니스가 활발해진 탓이었다. 그때 입사한 사람이 나의 첫 직장 동료였다. 나이는 나와 동갑이었지만 그녀는 이미 경력자였다. 학벌도 좋았고, 외모도 출중했고, 무엇보다 영어와 스페인어에 능통했다. 나는 내심 저렇게 능력 있는 사람이 왜 이런 작은 무역회사에 입사했을까 의아했다. 어쨌든 우리는 그렇게 만나게 되었고, 서로 의지하며 즐겁게 회사 생활을 해나갔다.

회사에 입사하고 1년 정도 다니던 중 나는 결혼을 하게 되었다. 결혼하고 보니 직장의 여러 여건상 계속 다니기엔 무리가 있다고 판단했다. 비즈니스 상대가 유럽 지역이다 보니 기본 근무 시간이 저녁 7시까지였다. 당시만 해도 중소기업은 토요일에도 격주로 근무하던 때였다. 그래서 1년 3개월 만에 첫 회사를 그만두었고, 그러다 우연히 외국계 회사로 이직하게 되었다. 그 후 비교적 안정적으로 결혼과 직장 생활을 유지했고 아이를 낳았다. 그렇게 워킹맘으로 정신없이 살던 어느 날 우연히 첫 직장 동료와 연락이 닿게 되었다. 나는 당연히 그 친구가 사회적으로 예전보다 훨씬 더 잘되었을 거라고 생각했다. 하지만 그녀는 첫째를 임신하고 육아 문제로 직장을 그만두었다고 했다. 그 후 딸 셋을 낳았고, 지금은 집에서 독박 육아를 하는 처지였다. 남편이 해외로 발령이 났기 때문이었다.

"나 이제 막내가 초등학교 들어가서 일을 찾아보려고."

"잘 생각했네. 너는 영어와 스페인어도 잘하니까 다시 취업해도 잘 해내지 않을까?"

"재취업도 생각해봤는데, 10년 이상의 공백을 메꿀 자신이 없어. 그리고 아직 막내는 내가 계속 돌봐야 하기도 하고. 낮에만 할 수 있는 일을 찾아봐야 할 것 같아."

물론 아이를 낳고 키우는 일은 위대하고 숭고한 일이다. 그 가치는 무엇과도 비교할 수 없다. 하지만 아이에게 엄마가 꼭 필요한 시기는 길어야 10년이다. 그 이후엔 함께 있어 주는 것보다 물질적, 정신적인 멘토의 역할이 더 커진다. 그렇기에 그 시기에 경력이 단절되어 본인의 커리어를 이어가지 못하는 동료의 사연이 그저 안타까웠다.

일과 가정이란 날개의 균형

어느 날 나는 《동아비즈니스리뷰DBR》에서 다국적기업 바슈롬코리아의 모진 한국법인 사장의 이야기를 접했다. 모진 바슈롬코리아 사장은 세 아이의 엄마로 가정과 직장 모두에서 성공 신화를 쌓아가고 있었다. 일과 육아를 병행하는 일이 어렵지 않느냐는 질문에 그녀는 이렇게 대답했다. "저 스스로 워킹맘이라는 자각을 가급적 안 하려고 합니다. 어차피 전업주부에게도 육아는 어려운 일이거든요. 전업주부라서 100퍼센트 완벽한 육아를 하고 있다고 느끼는 사람은 없을 테니까요."9 워킹맘이어서 육아가 힘든 게 아니다. 워킹맘이어서 완벽한 육아를 못 하는 게 아니다. 나 자신을 일하면서 아이를 키우는 엄마라고 생각하지 말자. 일도 하고 아이도 키우는 여성이라고 생각하자. 그러면 육아와 일에 대한 압박에서 조금은 벗어날 수 있지 않을까?

'회사를 그만둬야 하나?'라는 생각을 하루에도 몇 번씩 하던 때가 있었다. 아이의 발달 시기마다 내겐 항상 새로운 고비가 찾아왔다. 아이가 어렸을 땐 초등학교만 들어가도 좋겠다고 생각했다. 혼자 학교만 다녀와도 한결 수월할 것 같았다. 하지만 그런 고비는 늘 새로운 얼굴로 찾아오는 듯했다. 2019년에 KB금융경영연구소에서 '2019년 한국 워킹맘 보고서'를 발표했다. 이 보고서에 따르면, 응답자의 95퍼센트가 '퇴사를 고민해본 경험이 있다'고 밝혔는데, 그 시기는 주로 자녀가 어린이집에 갔을 때(38.9퍼센트)나 초등학교 입학했을 때(50.5퍼센트)였다고 한다.10 특히 초등학교 입학 때 가장 큰 어려움을 겪는 것으로 나타났다. 내 주위에도 이 시기에 회사를 그만두는 워킹맘들이 있다. 나도 엄마로서 흔들릴 수 있는 시기란 생각에 공감한다. 아이의 학교생활이나 성적 관리, 교우 관계 등 엄마가 정말 필요하다고 느껴지는 순간이기 때문이다.

하지만 나는 이런 고비가 생길 때마다 먼저 나 자신에게 질문한다. '아이들이 다 성장한 후 성인이 되었을 때 나는 어떤 모습일까?' '나는 어떤 엄마로 아이들 곁에 남게 될까?' '아이들은 엄마의 어떤 모습에서 좋은 영향을 받게 될까?' 힘든 고비가 닥칠 때마다 나는 책을 통해 방향을 잡아나갔다. 그리고 책을 통해 훌륭한 많은 멘토를 만났다. 그중에서도 전혜성 박사는 나의 오래된 멘토다. 그녀는 여섯 아이를 낳고 키우면서 보스턴대학교 대학원에서 사회학과 인류학 박사학위를 받았다. 가족 여덟 명이 취득한 박사학위만도 모두 열한 개라고 한다. 전혜성 박사는 책『섬기는 부모가 자녀를 큰 사람으로 키운다』에서 이렇게 말한다.

> 여성에게 '일과 가족'은 마치 새의 양 날개와도 같다. 새의 양쪽 날개가 균형이 맞아야 제대로 날아오를 수 있듯이, 자신이 속한 사회와 가족을 한데 묶지 않고는 그 어떤 부모도 훨훨 날아오를 수 없다.11

전혜성 박사는 엄마들이 아이에게만 매달리지 말고 자기 계발에 힘써야 한다고 강조한다. 엄마의 자기 계발은 자기만족을 위한 일만이 아니다. 결과적으로는 아이를 바르게 성장시키는 일인 것이다. 나는 아이가 인생을 살아가는 데 필요한 큰 틀을 잡아주는 엄마가 되고 싶다. 일과 가정 안에서 적절한 균형점을 찾고 아이들과 함께 성장하고 싶다. 먼 훗날 아이들 인생의 동반자이자 멘토가 되어 있는 내 모습을 상상해본다. 누구에게나 힘들고 포기하고 싶은 순간은 온다. 힘들고 포기하고 싶을 때, 나를 일으켜 줄 나만의 멘토를 찾아보는 건 어떨까?

2장

나는 명품 숍 대신
학원에 간다

"안녕하세요,
저는 미국 회계사님 아드님입니다."

01
내가 구조조정을
당할 줄이야

그 누구가 바로 내가 되는 순간

"메일 보셨어요?"

"왜요? 무슨 일 있어요?"

"회사가 인수합병되는 걸로 결정이 났다네요. 이제 우린 어떻게 되는 걸까요?"

조용하던 사무실이 갑자기 술렁이더니 여기저기서 직원들의 수군거리는 소리가 들렸다. '무슨 일이 생겼나?' 고개를 돌려보니, 옆자리 직원의 표정이 심상치 않다. 그에게서 대략적인 사태를 파악하고 나는 바로 메일을 확인해보았다. CEO가 전체 직원에게 보낸 메일이 도착해 있었다. 회사가 인수합병이 되는 걸로 결정이 났다는 내용이었다.

당시 나는 미국계 회사의 한국 지사에서 근무하고 있었다. 직원은 60명 정도였고, 비교적 근무 환경이 좋고 안정적인 회사였다. 나는 아이를 키우면서 큰 부담 없이 평온한 회사 생활을 하고 있었다. 그런 생활이 계속 이어질 수 있을 것만 같았다. 회사란 곳이 늘 그렇듯 출처를 알 수 없는 소문들로 무성하다. 인수합병에 대한 소문도 오래전부터 떠돌던 그런 소문 중 하나였다. CEO에게 딸이 하나 있는데 경영에 관심이 없어서 회사를 팔려고 한다는 둥 이런 소문은 수년 전부터 나돌고 있었다. 그런데 그게 그냥 소문이 아니었다.

나는 비슷한 뉴스를 신문에서 본 적이 있었다. 한국씨티은행의 대규모 인력 구조조정에 대한 기사였다.[1] 한국씨티은행이 소매금융 부분에서 철수하기로 공식화한 지 6개월 만에 발표한 '출구 전략'은 결국 청산이었다. 이로써 2,500명에 이르는 소매금융 관련 직원들이 대규모 인력 구조조정을 당하게 됐다. 기사는 직원 대부분이 결국 희망퇴직 수순을 밟게 됐다는 씁쓸한 소식으로 마무리됐다. 나는 이런 일이 신문이나 뉴스에서만 나오는 남의 이야기로만 알았다. 이런 기사를 읽어도 별 감흥이 없었다. '또 구조조정이야?' 혹은 '또 데모하겠네' 정도의 반응이었다. 그러나 이제는 알게 됐다. 구조조정이 결코 남의 이야기가 아니라 누구에게나 일어날 수 있는 일이라는 것을. '그 누구'가 내가 될 수 있다는 것을 말이다.

직장에 다니면서 구조조정을 당해본 사람이 과연 얼마나 될까? 회사는 결국 인수합병이 되었다. 절차에 따라 모든 일이 진행됐고, 그렇게 나도 '구조조정을 당해본 자'가 되고 말았다. 이 모든 일이 하루아침에 마무리된 것은 아니었다. 처음 메일을 받고 나서 1년 뒤부터 합병 작업이 시작되었고, 최종적으로 퇴사하기까지는 3년 정도의 시간이 걸렸다. 나의 퇴사가 결정된 건 퇴사일로부터 10개월 정도 전이었다. 어느 날 직원들이 한 명씩 인사 담당자에게 불려 가 절차에 관한 설명을 들었다. 그리고 특별퇴직금이 포함된 퇴사 합의서에 서명했다. 그 순간 만감이 교차했다. 내가 무슨 잘못을 해서 회사가 인수합병이 되고, 내가 구조조정을 당하는 게 아니었다. 하지만 나 자신이 한없이 초라해지고 작아지는 듯했다. 사회에서나 조직에서 내가 쓸모없는 존재처럼 느껴졌다. 지금 돌이켜보면, 당시 서로 의지할 동료들이 있었기에 그 시간을 그나마 버틸 수 있었던 것 같다.

　나의 감정은 하루가 다르게 변해갔다. 어떤 날은 왜 내가 이런 일들 당해야 하나 생각하며 한없이 우울했다. 또 어떤 날은 차라리 잘됐다고 이직할 때가 됐다고 나 자신을 다독였다. 또 다른 날은 '자격증만 있었어도 살아남지 않았을까'라며 패배 의식에 휩싸였다. 그렇지만 이런 나의 감정들과 다르게 남들 앞에서는 '괜찮은 척'했다. 사실 이게 가장 힘든 일이었다.

내 감정에 귀 기울여야 할 때

내 마음에 자극을 주는 글이 있었다. 노동자의 삶과 권리를 다루는 매체에 실린 「오늘 하루 어떻게 보내셨나요? 당신의 마음은 지금 안녕하십니까?」라는 제목의 칼럼이었다. 이 칼럼은 구조조정 문제로 정서적 고통을 느끼고 있는 ○○ 사업장 노동자 K씨에 대한 이야기였다. 그 고통이 내게도 고스란히 전해졌다. "K씨의 표정은 무미건조해지고, 잠은 들지만 새벽에 자주 깨고 초조해진다. 자신이 열등한 존재라는 생각을 지울 수 없다. 더 잘 해내지 못한다고 자책하고, 자신의 감정을 묘사하기가 어렵다. 하지만 말로 표현할 수 없을 만큼 두려운 정서적 고통이 있음을 호소한다."[2] 노동자가 느끼는 이러한 감정은 구조조정, 정리해고 등의 이슈로 인한 '우울증'이라고 한다. 무엇보다도 누군가의 도움과 심리적 치료가 필요한 부분이었다.

당시 나는 내 마음을 들여다볼 여유가 없었다. 하루하루 변해가는 나의 감정에 대응하기도 힘들었다. 구조조정을 당하지 않은 옆자리 직원이 부러웠고 뭔가 대단해 보였다. 그는 그야말로 '살아남은 자'였다. 나는 내심 그가 스스로 상대적 우월감 같은 걸 느끼지 않을까 생각했다. 하지만 오히려 그 반대일 수도 있다는 사실을 알게 됐다. 한 경제 전문지의 기사에 따르면, 구조조정을 당하지 않은 사람도 당한 사람 못지않게 정신적인 충격을 받는다고 한다. 구조조정 끝에 남은 생존자는 다음 구조조정이 언제 진행

될지, 다음번엔 자신이 그 대상이 될지도 모른다는 불안 때문에 심리적인 압박에 짓눌릴 수 있다. 이런 구조조정 후유증을 '생존자 증후군Survivor Syndrome'이라고 한다.3 '살아남은 자'의 정신적 충격이 나와 비슷할 수도 있었다.

나에겐 혼란스러운 감정들뿐 아니라 이직에 대한 압박감도 있었다. 퇴사하기 전까지 합격해서 공백 없이 이직하고 싶었다. 이력서를 업데이트하고 매일매일 채용 공고를 보면서 지원 가능한 포지션에 이력서를 넣었다. 꽤 많은 회사에서 면접을 보기도 했다. 하지만 이직은 생각처럼 쉽지 않았다. 경력직으로 이직하다 보니 경력이나 연봉, 근무 환경 등 맞추어야 하는 조건이 많았다. 그렇게 시간이 흘러갔다. 퇴직하는 날이 정해져 있다 보니 하루하루가 괴로웠다. 시한부 선고를 받은 사람처럼 달력을 보면서 날짜를 하나하나 지워갔다. 결국 이직이 안 되어 백수가 된 내 모습이 떠오르기도 했다. 그러면 자려고 누웠다가도 갑자기 일어나서 노트북을 켰다. 그럴 리 없지만 새로운 채용 공고가 올라왔을지 몰라 다시 인터넷을 뒤적이고 이메일을 확인했다. 아무것도 새로운 건 없었다.

구직자가 재직 중인지 아닌지는 매우 중요한 부분이다. 이게 무슨 소리인가 생각하는 사람이 있을 수 있다. '왜 그러지? 백수라면 바로 출근해서 일할 수 있으니까 좋은 거 아닌가?' 하지만 실제로는 그렇지 않다. 바로 '낙인효과Stigma Effect' 때문이다. 경제학에서 낙인효과는 실직한 사람에 대해 부정적인 인식을 갖게 되는 것을 말한다. 실직한 사람이라고 해서 모두가 업무 능력이 떨어지거나 부정한 일을 저질러서 회사에서 나가게 된 것이 아니다. 그런데도 구조조정을 당한 사람은 뭔가 문제가 있는 사람일 거라는 생각을 하게 된다. 구인하는 회사 입장에서는 구직자에 대한 정보를 전부 알 수는 없다. 그렇기 때문에 단지 이전 직장에서 실직했다는 정보만으로 낙인효과를 갖게 되는 것이다. 이 점을 잘 알고 있었던 나는 두려웠다. 퇴직일까지 이직하지 못한다면 공백이 생기고 구직 활동이 길어지게 된다. 그러면 능력이 부족해서 취업을 못 한다는 낙인까지 찍힐 것이다. 공백이 길어질수록 취업에 실패할 확률은 더 높아진다. 이런 생각이 꼬리에 꼬리를 물었다. 가슴이 답답했다.

나는 결국 퇴사하는 날까지 이직할 회사를 정하지 못했다. 퇴사하는 날, 개인용품을 정리하다가 나도 모르게 울컥하는 눈물을 삼켰다. 같은 팀의 직원들이 엘리베이터까지 배웅해주었다. 건물 밖으로 나오니 실감이 났다. '아, 이제 진짜 백수구나.' 돌이켜보면, 당시 나는 내 감정을 돌보지 못했던 것 같다. 내가 받은 상처와 충격이 얼마나 컸는지도 몰랐다. 아무렇지 않다가도 갑자기 눈물이 뚝뚝 떨어졌다. 꾹꾹 누르고 있던 감정이 시도 때도 없이 솟아올랐다. 이런 마음가짐으로 나는 다른 회사에 면접을 보러 다녔던 것 같다. 아무 일도 없었다는 듯이 웃으며 인터뷰에 응했다. 하지만 인터뷰에 집중하기는 쉽지 않았다. 한번은 웃으면서 여유 있게 대답하다가 갑자기 울컥하며 눈물을 흘린 일도 있었다.

"이전 회사를 오래 다니셨네요. 그런데 회사를 갑자기 그만두신 이유가 뭔가요?"

"아 네, 회사가 인수합병이 되면서 구조…."

면접관들은 당황하며 휴지를 내밀었다. 나 역시 당황스럽긴 마찬가지였다. 내 감정을 돌보지 않은 결과였다. 늦었지만 그때로 돌아가 나에게 말해주고 싶다. 너의 잘못이 아니다. 끝이 아니고 시작이라고 생각하자. 과거에 집착하지 말고 현실에 집중하자. 내가 가진 많은 것 중에 작은 한 부분을 잠시 잃은 것뿐이다. 나를 감싸주고 내 감정에 귀 기울여보자. 그동안 수고 많았다.

02

엄마,
왜 회사 안 가?

온전히 아이들을 위한 시간

'지금 몇 시지?' 손을 더듬어 핸드폰을 찾았다. 시간을 보니 아침 6시가 넘었다. 평소와 같으면 씻고 머리를 말릴 시간이었다. 하지만 나는 아직 이불 속의 포근함을 만끽하며 뒹굴고 있었다. 이 시간까지 잠을 자다니. 내가 진짜 백수라는 게 실감이 났다. 막상 퇴사하고 자유인이 되니 오히려 마음이 편해졌다. 시한부 삶이 끝나고 새로운 삶이 시작된 기분이었다. 백수인 동시에 전업맘이 된 나는 한편으로 새롭게 맞이할 시간이 설레기도 했다. 그동안 아이들과 함께하고 싶었던 것들을 다 해보자고 생각했다. 그중에서 특히 해보고 싶었던 것은 유치원이 끝난 아이와 함께 가는 동물원 나들이였다. 서울 대공원이 유치원에서 10분 거리에 있었기 때문에 만만하기도 했다. 유치원 엄마들이 아이들과 삼삼오오 모여 동물원에 다녀왔다는 얘기를 들으면 정말 부러웠다.

"진수야 오늘 유치원 끝나고 엄마랑 동물원 갈까?"

"진짜? 엄마 나도 동물원 갈 수 있어?"

"그럼 갈 수 있지. 엄마가 유치원 끝나면 데리러 갈게. 채윤이랑 이모랑 같이 동물원 가자."

"와, 신난다. 엄마 나 동물원 진짜 진짜 가고 싶었어."

그렇게 같은 유치원에 다니는 조카 그리고 여동생과 함께 동물원에 갔다. 평일 오후의 동물원은 한적했다. 사람이 붐비지 않아 여유롭게 케이블카를 타고 마음껏 동물들을 볼 수 있었다. 아이들이 마음대로 돌아다녀도 쫓아다닐 필요가 없었다. 아이들은 맘껏 뛰어다닐 수 있으니 신이 났고, 어른들은 아이들에게 신경을 덜 쓰게 되어 한결 여유로웠다. 그러다 아이가 흰 코뿔소 앞에서 멈추어 섰다. 그날은 유독 흰 코뿔소가 신기해 보였는지 조카랑 둘이 그 주변을 맴돌며 신기한 듯 보고 또 보았다. "엄마, 나오늘은 흰 코뿔소를 보면서 햄버거 먹고 싶어. 우리 햄버거 사 먹자." 나는 조금 떨어져 있는 매점에서 햄버거를 포장해 왔다. 코뿔소가 정면으로 보이는 벤치에 자리를 잡고 포장을 뜯었다. 아이들은 코뿔소와 햄버거가 있는 벤치를 신나게 오가며 그들만의 시간을 즐겼다.

집으로 돌아갈 시간이 되자 갑자기 비가 쏟아졌다. 우리는 급히 가까운 매점으로 가서 우산과 우비를 샀다. 오랜만에 우비를 입은 아이들은 더욱 신이 났다. 우비를 입고 비를 맞으며 물웅덩이를 찾아 뛰어다녔다. 물웅덩이를 밟아 물을 튀기며 깔깔거렸다. 나는 아이들이 그 시간을 맘껏 즐기도록 기다려주었다. 우리는 결국 영업 종료를 안내하는 방송을 듣고 동물원을 나왔다. 비가 내린 뒤 어둑해진 동물원은 또 다른 분위기를 자아냈다. 그곳엔 우리 말고 아무도 없었다. 우리만의 동물원인 것 같았다. 나는 아직도 가끔 그날이 생각난다. 그날의 사진, 아이들이 비를 맞으며 뛰어다니던 영상을 보면 지금도 가슴이 설렌다.

실직 후 처음 3개월은 온전히 아이들을 위한 시간이었다. 나는 오직 아이들에게 집중하며 즐거운 시간을 보냈다. '엎어진 김에 쉬어 가라'는 말처럼 정말 푹 쉬었다. 하지만 계속 그렇게 쉴 수만은 없었다. 나는 재취업을 해야 했다. 3개월이 넘어가니 슬슬 마음이 불안해지기 시작했다. '이러다가 아예 집에 들어앉게 되는 거 아닐까?'

'경단녀'라는 말이 있다. 여러 이유로 경제 활동이 중단된 '경력 단절 여성'을 줄여 이르는 말이다. 어느 날 그 단어가 내 머릿속을 파고들었다.

그저 막연했던 불안감은 경단녀들의 경험담을 통해 구체화되기 시작했다. 나는 인터넷에서 '경단녀'라는 단어를 검색하고 있었다. 경단녀라는 말 자체가 이미 경력 단절이 확정됐다는 의미

이기 때문에 부정적인 내용이 많았다. 경단녀들의 비화秘話들이 어느 순간 모두 내 이야기 같았다. '내 경력이 이렇게 단절이 되는 건가?' 부정적인 감정은 긍정적인 감정보다 전염성이 15배나 더 강하다고 한다. 나는 그렇게 모니터 앞에 앉아 정체 모를 우울한 감정과 싸우며 하루를 보내는 일이 잦아졌다. 그러다가 정신이 번쩍 들었다. 일어나지도 않은 일로 에너지를 낭비하느니 차라리 구직 활동을 다시 시작하면 될 일이었다.

처음 3개월 동안은 실업급여를 받기 위한 최소한의 구직 활동만 했다. 그동안 고용 보험료를 내기만 하다가 처음으로 실업급여를 받게 됐는데, 그동안 나름 열심히 일한 것에 대한 보상을 받는 기분이었다. 하지만 실업급여는 실업에 대한 위로나 고용 보험료 납부의 대가로 지급되는 것이 아니었다. 실업급여는 실업이라는 보험사고가 발생했을 때 취업하지 못한 기간에 대하여 적극적인 재취업 활동을 한 사실을 확인하고 지급한다. 첫 3개월 동안 나는 실질적인 구직 활동을 안 하고 실업급여를 받기 위한 활동만 했다. 그 일조차도 정말 귀찮았다. 그런데 지나고 보니 그때 실업급여를 받기 위해 했던 일들이 본격적인 구직 활동에 많은 도움이 되었다.

이대로 끝나는 건가

3개월이 지나면서 나는 다시 본격적으로 구직 활동을 시작했다. 공백 기간이 길어지다 보니 그 누군가가 아닌 나 스스로가 '낙인효과'를 찍는 것 같았다. 그럴 때마다 마음을 다잡기 위해 책을 읽고, 틈틈이 필요한 공부를 해나갔다. 그러던 어느 날, 큰아이가 나를 보며 새삼스럽게 물었다.

"엄마, 근데 왜 회사 안 가?"

"엄마가 말했잖아. 당분간 회사 안 가고 집에 있을 거라고."

"왜?"

"엄마 조금 쉬면서 회사를 옮기려고. 엄마 집에 있으니까 좋지?"

"아니. 난 엄마가 돈 많이 벌었으면 좋겠어."

나중에 아이들이 자라면 직장에 다니는 엄마를 더 좋아한다는 얘기를 들었다. 간혹 그런 말을 들으면 별다른 생각 없이 그냥 웃어넘겼다. 그런데 일곱 살짜리 아이가 그런 말을 한다는 것이 새삼 놀라웠다. 회사에 가지 말라고 울면서 따라 나오던 때가 엊그제 같은데, 아이가 그새 많이 자란 듯했다. 내가 옆에 끼고 돌봐야 하는 시기는 이제 지난 게 아닐까. 나는 재취업을 서둘러야겠다는 마음을 다잡게 되었다.

하지만 재취업이 생각처럼 쉽진 않았다. 다시 본격적으로 구직 활동을 시작할 때는 금방이라도 취업이 될 것 같았다. 하지만 현실적으로 조건에 맞는 회사를 만나기가 어려웠다. 취준생이 아닌 경력직 취업은 단순한 합격, 불합격의 문제가 아니었다. 회사도 나를 선택해야겠지만, 구직자 입장에서도 고용의 안정성, 연봉, 회사 위치, 워라밸, 회사 문화 등 고려해야 하는 요소가 한두 가지가 아니기 때문이다. 마음이 급하다고 아무 회사나 들어갈 수도 없고, 처음부터 내가 원하는 것들을 포기할 수도 없었다. 그렇게 시간은 한 달, 두 달 흘러갔다.

실제로 고용정보원에서 발표한 보고서에서도 이런 현실을 확인할 수 있었다. 2017년 고용정보원은 '여성 재취업 소요 기간 분석' 보고서를 발표했다. 결과에 따르면, 20대 실업자 가운데 남성과 여성은 단기간 내 재취업률이 별반 차이가 없었다. 하지만 30대로 접어들면서 여성의 재취업률이 남성보다 크게 떨어지는 것으로 확인됐다. 특히 35~39세 여성이 6개월에서 2년 내에 재취업한 경우는 불과 5.6퍼센트였다.4 통계를 증명이라도 하듯이 나의 공백 기간은 6개월이 넘어가고 있었다. 슬슬 불안한 마음이 나를 덮치기 시작했다. 조급하다고 결과가 달라지지 않는다는 걸잘 알고 있었다. 하지만 생각대로 마음이 움직이지 않았다. 나는 서서히 예민해지기 시작했다.

마냥 좋기만 할 것 같았던 전업맘 생활도 6개월이 넘어가니 현실로 다가왔다. 처음엔 아이에게만 온전히 집중하며 생활했다. 그러나 함께 있는 시간이 길어지니 그 시간의 소중함은 퇴색해갔다. 개인적인 볼일도 많아졌고, 엄마들과의 단체 활동도 잦아졌다. 대안 유치원의 특성상 부모가 참여하는 활동이 많았는데, 그런 유치원의 단체 활동에도 참여하게 되었다. 평일에 아이들과 계속 생활하다 보니, 주말엔 특별함이 느껴지지 않았다. 그래서 오히려 주말엔 되도록 집 밖에 나가지 않게 되었다. 그때 내가 겪은 놀라운 경험은 평일에도 웬만한 곳은 사람들로 가득하다는 것이었다. 어디를 가도 내 또래의 엄마들로 가득했다. 내가 모르던 세상이었다.

실업급여 수급 기간인 240일이 끝나가고 있었다. 불안한 마음과 예민해진 신경 때문일까. 아이들에게도 자주 화를 내는 내 모습을 발견하게 됐다. 좌절감이 몰려왔다. 이대로 끝이란 생각이 들었다. 모든 걸 포기하고 싶던 그때, 인터뷰를 진행했던 독일계 회사에서 최종 합격 통보를 받게 됐다. 그렇게 나의 10개월 동안의 백수이자 전업맘의 생활은 종지부를 찍게 되었다. 이제 다시 시작이다!

03
젠장,
그냥 따버리자 AICPA

이제 다시 시작이다!

아침 7시 40분, 미어터지는 2호선 전철로 몸을 구겨 넣었다. 잠시 주저했지만, 어차피 다음 전철도 미어터지는 건 마찬가지였다. 발 넣을 공간이 있다면 비집고 들어가야 했다. 비좁은 전철 안에서 이리저리 사람에 치이다 결국 몸을 움직일 수가 없는 상태가 됐다. 오랜만에 느껴보는 지옥철이었다. 예전에도 똑같았다. 숨 쉬기가 어려울 정도로 빽빽한 전철 안에서 내 몸은 곧 터져버릴 것만 같았다. 날 밀치는 사람을 붙들고 나한테 왜 그러냐고 따지고 싶을 때도 있었고, 힐 신은 여자에게 발등을 제대로 밟혀 눈물이 핑 돌았던 때도 있었다. 그런데 세상 모든 일은 생각하기 나름인가 보다. 10개월 만에 다시 타는 지옥철은 그렇게 괴롭지 않앗다. 다시 출근하던 첫날, 심지어 전철의 흔들거림은 흡사 구름 위에 떠 있는 기분이었다.

다시 출근하면서 기대했던 것 중 하나는 회식이었다. 원래 나는 회사 회식을 좋아하지 않았다. 회식 메뉴도 내가 즐기는 음식이 아닌 경우가 많았고, 술을 한두 잔 하다 보면 의지와 상관없이 과식을 해서 후회하곤 했다. 그렇게 반복되는 자리가 늘 못마땅했다. 그런데 어쩐 일일까. 회사에서 제공하는 그런 공짜 음식들이 그리웠다. 동료들과 함께 먹던 브런치나 멕시칸 음식 등 온갖 외식 메뉴들이 어찌나 그립던지…. 그렇게 새로운 회사에 적응해나 갔다. 회식 자리도 빠짐없이 즐기며 나름 즐거운 회사 생활을 보냈다. 새로운 업무에도 적응이 되다 보니 어느새 안정감이 느껴졌다. 이렇게 아이를 키우며 안정적인 워킹맘의 삶을 살면 될 것 같았다. 그런데 한편으로 이게 전부가 아닌 것 같은 불안함이 있었다. 재취업한 지 3년 정도의 시간이 흘렀을 때였다. 나에게 자기 계발이 필요하다는 신호였다.

'샐러던트Saladent'라는 말이 있다. 이 말은 샐러리맨salaryman과 스튜던트student의 합성어로 공부하는 직장인을 일컫는다. 이 신조어가 말해주듯, 요즘 직장인들은 자기 계발에 참 열심이다. 자기 계발의 일환으로 커리어에 도움이 되는 자격증을 따기도 한다. 직무 연관성이 높은 자격증은 이직하는 경우 유리하게 작용하기 때문이다. 외국계 회사 재무팀에서 근무하는 나는 2006년에 처음으로 AICPA^{American Institute of Certified Public Accountant}라는 자격증을 알게 되었다. 미국 공인회계사 시험인데, 이 자격증을 취득하면 취업할 때 훌륭한 이력이 될 수 있을 듯했다. 2006년에 지인의 권유로 이 시험을 준비한 적이 있었지만 학원 수강만 완료하고 실제 시험까지 치르지는 못했다.

직장 생활을 하는 내내 이 자격증은 내 마음 한쪽에 자리 잡고 있었다. '이 자격증이 있었다면 내가 더 잘되지 않았을까'란 미련을 버릴 수가 없었다. 미련을 가졌던 이유는, 지원하는 회사로부터 주기적으로 듣는 피드백 때문이었다. "경력도 좋으시고 좋은 분이란 생각이 듭니다. 근데 전공이 재무나 회계가 아니네요. 직무 관련 전공이 아니다 보니까 AICPA가 있었으면 좋았겠네요. 아쉽습니다." 경력이 쌓이고 연차가 높아질수록 전공이 아쉽다는 피드백이 많아졌다. AICPA가 있으면 좋다는 걸 누가 모른단 말인가. 자격증을 딸 수만 있다면 나도 얼마든지 따고 싶다. 하지만 해당 시험은 미국 시험이라 모든 응시 절차가 미국에서 이루어진다. 실제 시험도 미국령에서 봐야 한다. 그러다 보니 섣불리 다시 도전할 엄두를 내지 못했다. 공부할 시간도 문제지만 경제적으로도 부담이 컸다.

하지만 관리자 직급으로 이직하려다 보니 경력이 전부가 아니었다. 경력과 더불어 전공이나 학벌 등 관리자 수준에 맞는 이력이 필요했다. 더욱이 내가 전공한 분야는 직무와 관련된 전공이 아니어서 더욱더 내 능력을 증명할 필요를 느꼈다. 운전을 잘해도 운전면허증이 있어야 신뢰하는 것처럼 일을 잘해도 그것을 뒷받침해줄 수 있는 이력이나 자격증이 있어야 했다. 나를 한 단계 업그레이드하기 위해선 자격증이 필요했다. 슬슬 한계가 느껴지기 때문이기도 했다.

가족에게 던진 폭탄선언

"젠장, 더 이상은 안 되겠어. AICPA 다시 준비해야 할 것 같아. 은퇴할 날이 아직도 많이 남았잖아. 승진해야지. 그런데 이대로는 한 발짝도 더 나아가지 못할 것 같아." 많은 고민 끝에 가족에게 폭탄선언을 했다. 그 당시 큰아이가 초등학교 3학년, 작은아이가 일곱 살이었다. 아직 엄마의 도움이 많이 필요한 때였다. 내가 수험생이 되면 나의 빈자리는 남편과 친정 엄마의 몫이 된다. 남편은 둘째 치고, 차마 엄마 앞에서는 입이 떨어지지 않았다. 그래도 어쩌랴, 한계를 느낀 이상 더 이상 뒤로 물러설 수는 없었다.

다음 날 바로 학원에 상담 신청을 했다. 상담을 받고 전체적인 시험 계획을 세웠다. 해당 시험은 총 네 과목인데, 회계학FARE, 회계감사Audit, 경영일반BE&C, 관계법규REG로 구성되어 있다. 한국의 시험과는 달리 종이로 보는 시험이 아니라 컴퓨터상으로 보는 CBTComputer Based Test 시험이다. 그래서 원하는 날짜에 시험을 볼 수 있다. 나는 직장인이기 때문에 너무 빠듯한 일정으로 목표를 세운다면 포기할 확률이 높다고 생각했다. 그래서 1년에 두 과목씩 2년을 목표로 계획을 설정했다. 이 시험에서 가장 중요한 것은 합격 후 유지 기간이다. 과목별로 75점 이상이면 합격인데, 75점 이상을 획득한 과목의 시험일로부터 18개월 이내에 나머지 과목에 합격해야만 한다. 18개월이 지나면 합격이 취소되고 다시 시험을 봐야 한다. 그래서 많은 사람이 두세 과목까지 합격했다가 남은 과목을 기간 안에 합격하지 못하고 결국 제풀에 지쳐 시험을 포기하게 된다. 이 점을 잘 알고 있던 나는 첫 번째 과목을 빨리 합격하는 데 목표를 두지 않았다. 적어도 두 과목을 같이 준비해서 첫 번째 과목에 합격하고 18개월 안에 나머지 세 과목을 최종 합격하는 데 목표를 두었다.

이미 이 시험을 준비해봤던 나는 모든 선택을 보수적으로 했다. 생각보다 오랜 시간이 걸린다는 걸 알았기 때문이다. 처음엔 공부 습관과 정보를 얻기 위해서 오프라인 수업을 신청했다. 오프라인 수업은 주말과 평일 저녁에 진행됐다. 나와 같은 직장인 수험생이 많은 듯했다. 한 과목은 3시간씩 주 2회로 2개월 과정으로 구성되어 있었다. 처음 두 과목은 주말에 6시간씩 수강했다. 처음 수업을 받던 날이 떠오른다. 좁은 책상과 딱딱한 의자에 앉아 6시간의 수업을 들으니 허리가 아팠다. 6시간 동안 앉아 있는 것 자체가 내겐 큰 도전이었다. 중간에 식사 시간 한 시간 동안 나는 온 동네를 걸어 다녔다. 체력이 필요하단 생각이 절실하게 들었다. 다음 두 과목은 평일과 주말에 수업이 있었다. 일주일에 두 번은 퇴근 후 학원으로 가야 했다. 퇴근 후 간단히 저녁을 해결하고 수업에 참여하면, 저녁 7시부터 시작해서 10시 30분경에 수업이 끝나 집에 오면 밤 12시가 되었다. 몸이 천근만근이었다. 집에 오자마자 후다닥 씻고 잠이 들었다. 5시 30분에 알람이 울렸다. 몸을 이불에서 뜯어내듯 일어나면 하루가 다시 시작되었다.

직장인인 나에게 오프라인 수업은 그 자체가 도전이었다. 나는 정시에 퇴근하기 위해 하루 종일 집중력을 발휘해서 일했다. 그리고 퇴근 시간 5분 전부터 조용히 퇴근을 준비했다. 시간이 되면 당당하게 퇴근했다. 2호선 지옥철을 타고 다섯 정거장을 이동해 내려 무거운 가방을 메고 뛰다시피 학원으로 향했다. 원하는 자리를 선점하기 위해서였다. 자리까지 맡아놓고 나면 잠시 여유가 생겼다. 간단하게 저녁을 먹고 수업 준비를 시작했다. 한순간도 허투루 보낼 수가 없었다. 복습이 가능하기나 했을까? 공부는 둘째 치고 수업을 듣는 것 자체가 버거웠다. 배운 걸 제대로 복습도 하지 못한 채 수업만 겨우 따라갔다. 틈틈이 공부하려면 책이 필요한데, 책이 무거워서 들고 다닐 수가 없었다. 사물함을 빌려 책을 보관하고 수업을 듣기 위한 준비를 하는 것도 만만치 않았다. 몸의 피로가 급격하게 쌓여갔다. 나 이대로 정말 괜찮은 걸까? 그렇게 6개월이란 시간이 흘렀다.

이제 막 복직한 김 과장에게

04
코로나로
시험 못 볼 뻔

시험일은 2020년 3월 9일

처음 두 과목을 먼저 합격하기로 계획한 시간이 다가왔다. 그러나 당시 나는 합격은커녕 수업조차 다 듣지 못한 상태였다. 시험은 날짜가 정해져 있는 것이 아니었고 응시자가 원하는 날짜를 선택해서 시험을 신청해야 했다. 게다가 한 타임에 컴퓨터 수가 한정되어 있어서 원하는 날짜에 시험을 보려면 미리 신청해야 했다. 나는 계획대로 두 과목의 시험을 신청해둔 상황이었다. 한국의 경우 보통 가장 가깝고 시차가 적은 괌에서 시험을 치렀다. 따라서 시험을 한 번 보려면 시험 접수와 동시에 왕복 항공권과 숙소도 예약해야 했다.

1년이란 시간을 직장인 수험생으로 살다 보니 마음이 조급했다. 막상 시험 날짜가 다가오니 한 과목이라도 먼저 합격하고 싶은 마음이 간절했다. 그래서 우선 한 과목만 잘 준비해서 시험을 치르기로 계획을 변경하고, 단시간 동안 나를 몰아붙여 시험을 치렀다. 결과는 74점이었다. 1점 차이로 불합격이었다. 정말 속상했고 막막했다. (나중에 깨닫게 되었지만, 그 1점은 결국 내가 시험을 완주할 수 있게 해준 행운의 숫자였다.) 나는 다시 준비했다. 두 과목을 같이 공부하면서 시험은 한 과목씩 응시하기로 계획을 변경했다. 이번엔 합격할 수 있을 것 같았다. 왠지 느낌이 좋았다. 첫 번째 과목에 합격한 후 바로 두 번째 과목을 응시할 수 있게 준비도 대략 해두었다. 시험 날짜가 다가오고 있었다. 시험일은 2020년 3월 9일이었다.

2020년 2월 중순, 나는 한참 시험 막바지 준비로 정신이 없었다. 시험 날짜가 비슷한 스터디 멤버들과 함께 미친 듯이 문제를 풀며 시험 준비를 해나갔다. 그런데 공부에만 전념해도 부족한 시기에 세상이 술렁이고 있었다. 가장 치명적인 소식은 괌으로 가는 항공편이 3월 1일부터 운행을 중단할 예정이라는 소문이었다. 근거 없는 소문이 아니었다. 당시 세상은 코로나19 팬데믹에 빠져 있었다. 코로나는 2020년 1월부터 본격적으로 중국을 넘어 아시아권으로 퍼지기 시작했고, 2월 중순부터는 전 세계로 퍼져 나갔다. 항공편이 하나둘씩 운행을 중단한다는 소식이 들렸다.

"괌 항공편이 중단된다는 게 사실이야?"

"설마, 그게 말이 돼? 그럼 괌에 사는 사람들은 어떡하라고."

"그렇긴 하네. 하늘길이 끊긴다는 건 말이 안 되지."

"아무래도 불안해. 나는 그냥 2월 말에 미리 출국하는 게 나을 것 같아."

소문은 수험생들 사이에서 순식간에 퍼져나갔다. 일부 불안해하던 3월 초 시험 예정자들은 2월 말부터 서둘러 괌으로 떠나기 시작했다. 사람들이 하나둘 떠나다 보니 나의 마음도 술렁이기 시작했다. 하지만 나는 직장인이었기에 긴 기간 동안 괌에 체류할 수가 없었다. 선택의 여지는 없었고, 마음만 불안할 뿐이었다. 다행히 2020년 3월 7일에 나는 예정대로 괌으로 가는 비행기에 몸을 실었다. 비행기는 운행했지만, 공항에는 사람이 거의 없었다. 여기저기서 텅 빈 공항의 모습을 인증하는 사진이 카톡방에 올라왔다. 괌에 도착하니 먼저 와 있던 스터디 멤버들이 나를 반겨주었다. 힘든 상황을 뚫고 목적지에 다다른 독립군 같은 기분이었다. 괌에서 우리 멤버들은 각자의 경험을 나누며 동지애라는 걸 느꼈다. 언제 비행기가 끊길지 모르는 상황이었기에 합격은 더욱더 절실했다. 이번엔 무슨 일이 있어도 꼭 합격해야 했다.

다행히 첫 번째 과목은 합격했다. 힘든 상황에서 합격한 만큼 더 값진 결과였다. 나는 예정대로 두 번째 과목을 준비해서 5월에 시험을 응시할 예정이었다. 미리 시험을 신청하고 항공편과 숙소도 예약해두었다. 한 과목에 합격하고 나니 공부에 엄청 탄력이 붙었다. 이대로 두 번째 과목도 바로 합격할 수 있을 것 같았다. 그러던 어느 날이었다.

새로운 역사의 시작!

"소식 들으셨어요? 괌 가는 비행기 끊겼대요."

"어 그래요? 이상하다. 저도 항공권 예매했는데 아무런 소식도 받지 못했어요."

"아직 기간이 남아서 그런가 봐요. 출발이 임박한 사람들은 안내 문자 오고, 예매한 항공권 다 자동 취소됐대요."

우려한 상황이 발생했다. 괌 가는 항공편이 끊긴 것이었다. 며칠 후 내가 예매한 항공권도 취소됐다는 문자 메시지가 날아왔다. 좌절감이 몰려왔다. 나는 예정된 5월에 시험을 볼 수 없었고, 언제 시험을 치를 수 있을지도 알 수 없는 상황이었다. 공부에 집중할 수도 없었지만 그렇다고 손을 놓을 수도 없었다. 집중하기 힘든 산만한 정신을 부여잡고 책상에 앉으면, 나도 모르게 항공권을 검색했다. 실시간 뉴스를 찾아보고 사람들과 정보를 공유했다. 시험을 준비하는 건지 항공사에 취직한 건지 구분이 안 될 정도였다. 이런저런 걱정 속에서 세 번째 과목의 수업을 듣기 시작했다. 무엇보다 멘탈 관리가 중요했다.

그렇게 6월도 지나가고 있었다. 사람들은 괌이 아닌 미국 본토로 시험을 보러 가기 시작했다. 당시 미국은 입국 즉시 자가 격리

이제 막 복직한 김 과장에게

를 하지 않았고 한국에 돌아와 2주간의 자가 격리만 하면 되었다. 마음 같아서는 당장이라도 미국으로 시험을 보러 가고 싶었지만, 3주의 시간이 소요되는 일정을 섣불리 결정할 수 없었다. 그렇게 고민하다 7월도 어느덧 중반으로 접어들었다. 나는 결정을 해야 했다. 9월부터는 회사가 예산 작업 시즌으로 접어들어 2주간의 휴가가 불가능했기에 시험을 보러 미국으로 가려면 8월 안에 다녀와야 했다. 고민 끝에 나는 미국행 티켓을 끊었다. 회사에는 개인적인 급한 일이라고 양해를 구했다. 합격할 때까지 회사에 알리고 싶지 않았기 때문이었다.

공항은 전례 없는 코로나가 세상을 발칵 뒤집어놓은 풍경이었다. 행여나 열이라도 날까 노심초사하며 몇 가지 수속 과정을 거쳐 무사히 게이트에 도착했다. 다행히 미국행 비행기에 몸을 실었다. 비행기 안은 아수라장이었다. 항공편 자체가 많이 축소되었던 탓에 비행기에는 빈 좌석 하나 없이 사람들로 빽빽했다. 밀집한 사람들 사이에서 코로나바이러스에 대한 두려움은 점점 커졌다. 공포에 가까운 느낌이었다. 출처를 알 수 없는 온갖 냄새도 나를 몹시 괴롭혔다. 마스크를 두 겹으로 착용하고 수시로 손을 소독했다. 여기저기서 살균 소독제가 뿌려졌고, 잠을 잘 수도, 밥을 먹을 수도 없었다. 그렇게 열 시간 넘게 샌프란시스코를 경유하여 로스앤젤레스에 도착했다.

미국 사람들은 대부분 마스크를 쓰고도 여유 있는 모습이었다. 입국 심사를 마치고 별다른 방역 절차 없이 공항을 빠져나왔다. 시험장에서도 마스크만 착용하면 별다른 제약은 없었다. 시험을 보기 위한 응시 절차를 마치고 시험장 밖에서 잠시 대기하고 있었다. 헝클어진 머리에 슬리퍼를 끌고 온 사람도 있었고, 부모님의 응원을 받으며 시험장으로 들어가는 미국인도 보였다. 새삼이 머나먼 미국 땅에 내가 시험을 보러 와 있다는 게 실감이 나지 않았다.

그렇게 무사히 시험을 마치고 귀국길에 올랐다. 모든 일이 꿈처럼 느껴졌다. 시험을 무사히 볼 수 있어 다행이라 생각했지만, 한편으로 걱정이 됐다. 더 이상 회사에 휴가를 낼 수도 없었기에 또다시 미국에 시험을 보러 갈 수는 없었다. 첫 번째 시험에 합격하고 이미 6개월 가까이 시간이 흐른 때여서 이제 남은 시간은 1년뿐이었다. 정말 시험을 포기해야 하나 심각하게 고민할 수밖에 없는 상황이었다. 출근길 지하철에서 많은 생각이 스쳐갔다. 그러나 내가 할 수 있는 일은 아무것도 없었다. 막막했던 그때 지인으로부터 한 통의 문자 메시지를 받았다. "수연 님, 혹시 소식 들으셨나요? 방금 메일을 한 통 받았습니다. AICPA 측에서 한국에 시험장을 오픈할 예정인가 봐요. 잘하면 한국에서 시험을 볼 수 있을 것 같아요. 정말 잘됐습니다."

순간 심장이 멈춘 듯했다. 한국에서 시험을 볼 수 있게 되다니. 상상도 해보지 않은 일이었다. 나는 바로 메일을 확인했다.

이제 막 복직한 김 과장에게

나에게도 메일이 와 있었다. 한국에서 시험장을 오픈할 예정이라는 내용이 맞았다. 코로나로 새로운 역사가 시작된 것이었다. 2020년 10월 4일부터 한국 프로메트릭센터Prometric center에서 AICPA 시험을 응시할 수 있게 되었다. 처음엔 한시적으로 운영한다는 계획이었다. 하지만 시험 주관 기관인 주회계심의회 전국연합NASBA, National Association of State Boards of Accountancy은 2021년 9월 3일 홈페이지를 통해 한국에서 영구적으로 AICPA 시험을 진행한다고 발표했다. 하늘은 스스로 돕는 자를 돕는다고 했던가. 가슴이 두근거리기 시작했다. 다시 시작이었다.

05

엄마는
미국 회계사

공부도 체력이 돼야지

직장인 수험생 3년 차에 접어들었다. 첫 번째 과목의 합격 만료일은 2021년 9월 30일이었다. 나에겐 9개월이란 시간이 남아 있었다. 남은 9개월 동안 나머지 두 과목에 합격해야만 했다. 코로나가 시작되고 1년 정도 시간이 흘렀을 때였다. 모든 것이 바뀌었고 혼란스러운 시간이었다. 두 번째 과목의 시험이 늦어지면서 세 번째 과목의 공부를 병행했다. 나의 계획은 일단 세 번째 과목을 3월에 합격하는 것이었다. 그리고 남은 6개월 동안 네 번째 과목에 합격하면 9월 안에 시험을 마무리할 수 있을 거라고 생각했다. 한국에서 시험장도 열렸고 모든 것이 희망적이었다.

그런 희망을 보았으니 공부에도 탄력을 받을 줄 알았다. 그런데 나는 극심한 슬럼프에 빠지게 되었다. 머릿속으로는 계획대로 공부만 하면 된다는 생각이었지만, 몸과 마음이 따라주지 않았다. 가슴이 답답하고 시도 때도 없이 우울감이 몰려왔다. 책상에 도저히 앉아 있을 수가 없었고, 몸무게도 4킬로그램가량 늘었다. 졸음을 이기기 위해 단 음식을 많이 먹은 탓이었다. 컨디션이 극도로 나빠지기 시작했다. 뇌 용량이 꽉 차서 더 이상 아무것도 넣을 수 없을 것 같은 느낌이었다. 책을 읽거나 강의를 들으면 머릿속으로 들어가려다 튕겨 나가는 기분이었다. 급기야 지인에게 고민을 털어놓게 되었다.

"나 어떡하지. 남은 시간이 9개월밖에 없어. 이제부터가 진짜 시작인데 몸과 마음이 따라주질 않아. 이게 나의 한계인가 봐."

"너 운동은 병행하고 있어? 나이 들어서 공부하려면 운동은 꼭 해야 해."

"공부할 시간도 없는데 운동은 무슨 운동이야. 출퇴근하면서 걷는 게 전부지."

"그럼 안 돼. 뇌를 쓰려면 운동해야 돼. 운동하는 만큼 뇌가 움직인다고 생각하고 무조건 운동해. 마냥 책상에 오래 앉아 있는 게 전부가 아니야."

돌이켜보니 그동안 책상에 너무 오래 앉아 있었던 것 같다. 공부가 되건 안 되건, 잠을 자도 책상에서 자야 마음이 편했다. 효율성이 떨어진다는 생각도 했다. 하지만 이렇게라도 해야지 불안감이 해소되는 듯했다. 정말 운동이 공부에 도움이 될까? 실제로 운

이제 막 복직한 김 과장에게

동은 학습 능력 향상에 효과적이라는 연구 결과가 있었다. 스웨덴 옌셰핑대학교 연구진은 최근 10년 동안 '운동이 학습 능력에 미치는 영향'을 연구한 논문 13건을 체계적으로 분석했다. 그 결과, 젊은 성인이 2분에서 1시간 정도의 유산소운동을 하고 나면 학습 능력과 기억력이 향상된다고 한다. 심지어 높은 강도의 운동은 단 2분만 하더라도 기억력과 문제 해결 능력, 집중력 그리고 언어 능력을 향상시킨다는 결과를 얻었다. 운동의 이 같은 긍정적인 효과는 최대 2시간까지 지속된다고 발표했다.[5]

나는 불안한 마음을 다잡고 운동을 병행하기로 했다. 스터디 카페가 위치한 건물에 30분 순환운동을 할 수 있는 운동시설에 등록했다. 그리고 러닝 머신과 샤워 시설을 이용하기 위해 헬스장에도 등록했다. 운동 전후 준비하는 시간까지 1시간 20분가량이 소요됐다. 퇴근하고 운동을 하러 가면서도 마음이 불안했다. 한 시간을 더 공부해도 모자랄 판에 이래도 되는 건가 싶기도 했다. 그런데 하루 이틀 시간이 지나면서 생각이 달라졌다. 운동을 하고 나면 생기가 느껴졌고, 우울감도 조금씩 사라지는 듯했다. 운동하고 따뜻한 물로 샤워한 뒤, 책상에 앉으면 졸음이 몰려왔다. 졸음과 싸우지 않고 10분 정도 자고 일어났다. 그러고 나면 엄청난 집중력이 생겼는데, 신기할 정도였다. 오래 앉아 있다고 공부를 많이 하는 게 아니라는 걸 그때 깨달았다. 컨디션 조절과 집중력이 정말 중요했다. 그렇게 힘든 슬럼프 시기를 겪으며

2021년 1분기가 흘렀다. 나는 6월에 세 번째 과목의 시험을 신청했다. 그리고 9월에 네 번째 과목을 신청했다. 일정이 빠듯한 상황이었다. 나에게 남은 시간은 6개월이었다.

마지막 시험은 2021년 9월 27일, 첫 번째 과목 합격 유효기간이 3일 남은 시점이었다. 마지막 과목에 합격하지 못하면 다시 두 과목을 응시해야 했다. 그러면 아무리 빨라도 최종 합격은 2022년을 훌쩍 넘기게 될 것이었다. 이런저런 생각에 머리가 지끈지끈했다. 시험이 다가와서 스퍼트를 올려야 하는 상황이었지만, 체력은 급격하게 떨어졌다. 공부에다 직장 일까지 더해 번아웃이 되기 일보 직전이었다. 시험 당일에 미열이 나면 어쩌나 하는 걱정까지 더했다. 열이 나면 시험장 출입 자체가 금지되었기 때문이다. 걱정과 두려움을 떨쳐내려 머리를 흔들었다. 아직 일어나지도 않은 일을 미리 걱정할 필요는 없었다.

시험 당일 날, 나는 약간의 미열과 몸살 기운으로 거의 기다시피 시험장으로 향했다. 하루만 더 버티면 된다는 생각으로 이를 악물었다. 행여 열이 날까 봐 감기약과 해열제를 챙겨 먹었다. 약기운에 정신이 살짝 혼미했다. 약간의 미열이 있었지만, 다행히 시험장에 입장할 수 있었다. 4시간의 시험 시간 동안 정신을 집중하기가 힘들었다. 오로지 시험을 끝까지 봐야 한다는 생각뿐이었다. 다행히 시험은 무사히 끝났다. 이제 주사위는 던져졌다. 나는 내가 할 수 있는 최선을 다했다.

이제 막 복직한 김 과장에게

"저는 미국 회계사님 아드님입니다"

시험 결과 발표일이었다. 아침부터 심장이 두근거리기 시작했다. 내 심장 소리 말고는 아무것도 들리지 않았다. 그러다 갑자기 카톡이 울리기 시작했다. 시험 결과가 발표된 것이었다. 나는 도저히 시험 결과를 확인할 수가 없었다. '떨어지면 어쩌지?' 여러 가지 경우의 수를 생각하니 머릿속이 복잡했다. 잠시 마음을 가다듬고 차분히 시험 결과가 발표되는 사이트에 접속했다. 시험의 결과는 합격, 불합격으로 표시되지 않고 점수만 나올 뿐이었다. 내 점수를 보니 75점이었다. '75점?' 75점이면 합격인지 불합격인지 순간 혼란스러웠다.

"저 지금 점수 확인했는데 75점이에요. 75점이면 합격한 거 맞나요?"

"네, 맞아요. 75점부터 합격인 거에요. 축하합니다."

순간 실감이 나지 않아 멍하니 앉아 있었다. 그렇게 5분 정도 있으니 슬슬 정신이 들었다. 심장이 미친 듯이 뛰었다. 너무 기쁜 나머지 혼자 방방 뛰면서 소리를 질렀다. 3년간의 직장인 수험생 생활은 이렇게 막을 내렸다. 그동안의 시간이 주마등처럼 스쳐 지나갔다. 가슴이 벅차올랐다. 가족들의 희생과 배려로 얻은 자격증이었다. 오랜 시간 가슴속에 품고 있던 나의 꿈이 이루어졌다. 모든 걸 이룬 기분이었다. 앞으로는 그 어떤 것도 해낼 수 있을 것 같았다.

"나 이제 끝났어. 시험에 최종 합격했어. 애들아, 엄마 미국 회계사 됐어!"

아이 어른 할 것 없이 가족 전체가 축제 분위기가 되었다. 너무 행복한 순간이었다. 3년이라는 긴 시간 동안 좇아온 목표였다. 그 목표를 이뤘을 때의 기쁨은 경험해본 사람만이 알 것이다. 내가 합격했다는 소식을 듣자마자 작은아이가 말했다.

"안녕하세요, 저는 미국 회계사님 아드님입니다."

아이는 회계사의 아들답게 말하겠다는 듯 자세를 정중히 하며 인사했다. 어깨가 한층 올라간 아이를 보며 웃음이 나왔다. 나의 합격이 아이들에게 큰 선물이란 생각이 들었다. 아이들에게 내가 꿈을 이루는 모습을 보여줄 수 있어 다행이었다.

합격한 후 이력서 자격란에 AICPA라고 적었다. 나 스스로가 대견했다. 나는 더 이상 직무 관련 전공이 아니라 아쉽다는 피드백은 받지 않는다. 실제로 많은 외국계 회사로부터 인터뷰 요청을 받고 있기도 하다. 그리고 AICPA 시험에 합격하면 미국 회계사로 등록할 수 있는 자격이 주어진다. 나는 바로 라이선스 등록을 시작했다. 그리고 2022년 5월 17일부로 공식적인 미국 워싱턴 주 회계사가 되었다. 시험에 합격했다고 해서 내 인생에 드라마틱한 변화가 생긴 건 아니다. 나는 항상 그랬듯이 평범한 워킹맘의 삶을 살고 있다. 하지만 내가 얻은 가장 큰 성과는 '나도 할 수 있다'는 자신감이다. 내가 얻은 자신감으로 나는 앞으로도 한 단계 더 발전해나갈 것이다.

3장

어차피 완벽한
육아는 없다

열혈 팬의 한 사람이 되어 아이 인생의 관객이 되어주는 것. 그것
이 아이를 키우는 엄마로서 가장 행복하게 사는 방법이자 유일한
방법이 아닐까. 나는 이제 아이에게 쏟았던 시간과 에너지를 조금
씩 나를 향해 돌리고 있다. 나도 앞으로 남은 내 인생을 그 누구보
다 즐겁고 행복하게 살아갈 것이기 때문이다.

01
체육 시간에만
빛나던 아이

나는 공부 못하는 바보였을까?

"곧 운동회네. 우리 반 계주 선수를 정해야 하는데, 누가 하면 좋을까?"

여기저기서 내 이름이 들려왔다. 나는 당연히 내가 반 대표로 나가리라 생각했다. 학창 시절 동안 해마다 내가 가장 바쁜 날은 운동회 날이었다. 내가 성인이 되어 알게 된 놀라운 사실은 체육 시간을 두려워하는 아이가 있었다는 것이다. 한번은 직장 동료가 이와 같은 이야기를 했다. '체육 시간이 왜 두렵지? 체육 시간은 그냥 노는 시간 아닌가?' 나는 반대로 학창 시절에 공부에 흥미를 느끼지 못했다. 공부가 늘 어렵고 막막했는데, 공부를 어떻게 해야 잘할 수 있는 건지 당최 알 수 없었다. 그 동료는 나와 정반대

입장이었다.

"나는 체육 시간에 달리기를 할 때마다 그냥 도망치고 싶은 심정이었어. 어떻게 해야 빨리 달릴 수 있는지도 몰랐고."

"달리기에 무슨 기술이 있나? 그냥 달리면 되는 거지. 그리고 달리기 좀 못하면 어때?"

"나는 달리기가 너무 스트레스였어. 주말에 혼자 연습한 적도 있었는데 아무리 해도 안 되더라고."

"뭐? 달리기를 연습했다고? 그게 연습한다고 실력이 늘어?"

솔직히 고백하자면, 나는 어렸을 때 달리기가 느린 아이들을 이해할 수 없었다. 그냥 빨리 달리기만 하면 될 것 같은데 왜 그걸 못 하는 거지. 일부러 천천히 달리는 건가 싶기도 했다. 아마도 공부를 잘하는 아이들이 나를 보면 같은 생각을 했을지도 모르겠다. '공부는 그냥 하면 되는데 왜 못하는 거지? 일부러 안 하는 건가?'라고 말이다.

학창 시절 나는 체육에 남다른 소질이 있었던 것 같다. 일단 매 학년마다 반 대표 계주 선수는 기본이었고, 육상 선수를 제외하고 단거리든 장거리든 달리기는 전부 일등이었다. 피구를 하면 공에 한 번도 맞아본 적이 없었다. 항상 내가 남은 채로 쉬는 시간 종이 울렸다. 중학교 1학년 때의 일로 기억한다. 체육 시간에 줄넘기 2단 연속 뛰기로 시험을 본 적이 있었다. 나는 2단 연속 뛰기를 62번을 해냈다. 단연코 기록적인 일이었다. 나에게 체육 시간

　　　　　　　　　　　이제 막 복직한 김 과장에게

은 학창 시절의 마중물 같은 것이었다. 체육 시간에 얻은 자존감으로 그 시절을 버텼다 해도 과언이 아니었다. 내가 기다렸던 수업 시간은 오로지 체육 시간뿐이었다. 너무 재밌고 신이 났다. 그렇게 난 체육 시간만큼은 빛이 나던 아이였다.

그러던 나는 체육 시간이 끝나면 다른 아이가 되었다. 수업 시간 종이 울리면 머리가 멍해졌다. 선생님이 하는 수업 내용이 무슨 이야기인지 도통 알 수가 없었다. 필기는 열심히 했지만 내용은 하나도 이해가 되지 않았다. 온갖 잡생각이 나를 괴롭혔다. 선생님 목소리가 점점 멀게 느껴지며 스르르 눈이 감겨왔다. 그때부터 남은 시간은 잠과의 괴로운 싸움이었다. 수업 시간엔 왜 계속 잠이 오는 걸까? 한 시간만 푹 자고 일어나면 개운할 텐데. 그렇게 선생님 몰래 졸다 보면 잠은 더 오고 온몸이 쑤셨다.

나는 공부를 도대체 '어떻게' 하는 건지 너무 궁금했다. 수업을 들으면 귀로는 들리는데 머리까지 전달이 되지 않았다. 한 귀로 듣고 한 귀로 흘린다는 것이 나를 두고 하는 말 같았다. 공부를 못한다고 혼내는 사람은 많았다. 하지만 구체적으로 '어떻게' 공부해야 하는지 알려주는 사람은 없었다. 그러나 공부는 대학 입시를 위해 무엇보다 중요했고, 나를 평가하는 것은 오로지 학업 성적이었다. 그래서 학창 시절의 공부는 나의 자존감을 깎아먹는 괴물이었다. '나는 왜 공부를 못할까'라는 생각을 수없이 했다. 생각하면 할수록 결론은 하나로 귀결되었다. 나는 바보였다. 나는 나를 바보로 꽤 오랫동안 인정했다. '나는 바보라서 공부를 못한다.' 그러다 보니 모르는 문제가 나와도 굳이 알려고 하지 않았다. 어차피 난 모를 테니 말이다.

아이의 타고난 지능 키워주기

미국의 심리학자 하워드 가드너Howard Gardner는 1983년 『마음의 틀Frames of Mind: The Theory of Multiple Intelligence』에서 다중지능이론을 소개했다. 인간에게는 최소한 여덟 가지의 지능이 있는데, 언어지능, 논리수학지능, 공간지능, 신체운동지능, 음악지능, 개인내적지능(자기성찰지능), 자연관찰지능(자연친화지능), 대인관계지능(인간친화지능)이 그것이다. 가드너는 다중지능이론을 통해서 기존 아이큐 중심의 지능 이론의 문제점을 보완했다.

다중지능이론에 따르면, 나는 바보가 아니었다. 다른 지능보다 신체운동지능이 유난히 뛰어난 아이였을 뿐이다. 사실 신체운동지능뿐만이 아니라 논리수학지능을 제외하고 모든 지능이 크게 뒤떨어지지 않았다. 그런데도 나는 스스로 바보라고 생각했던 것이다. 인간에게는 여덟 가지나 되는 여러 종류의 지능이 있는데, 학교 교육은 언어적 능력 또는 논리수학적 능력만을 중시한다. 그리고 이 두 가지 능력을 중심으로 학생들은 평가를 받는다. 하지만 이제는 개성을 중시하는 세상이다. 사람마다 다양하게 가진 지능의 장점을 개발해야 한다. 특히 인성과 관련된 지능을 함께 개발하는 게 아주 중요한 시대가 됐다. 영국에서 활동하는 손흥민 선수는 아이들에게 다정한 선수로 알려져 있다. 그가 운동선수라고 해서 신체운동지능만 필요한 것은 아니다. 그는 축구 경기에서 필요한 뛰어난 공간지능을 가진 선수일 뿐 아니라, 동료 선수들과의 관계도 친밀하여 뛰어난 대인관계지능(인간친화지능)을 보유했다. 이렇듯 많은 사람이 저마다 가진 능력을 활용해 다양한 분야에서 각자의 역량을 펼치고 있다. 그러므로 아이들을 하나의 지능으로만 평가해서는 안 된다. 각자가 가지고 있는 다중지능을 개발할 수 있게끔 이해하고 품어주어야 할 것이다.

지난 2018년에 평창에서 열린 동계올림픽에는 많은 외국 국가대표 선수들이 참가해 소개됐다. 내가 놀라웠던 것은 그 선수들에게는 '직업'이 따로 있다는 사실이었다. 한국 선수들은 운동선수 자체가 직업인데 반해, 외국 선수들은 간호사, 소프트웨어 개발자, 디자이너 등 다양한 본업이 있는 경우가 많았다. 신선한 충격이었다. 이들이 운동하면서 본업을 따로 가질 수 있는 이유는 '생활체육'이 활성화됐기 때문이라고 한다.[1] 우리 아이들도 이런 환경에서 성장하면 어떨까? 운동과 공부를 이분법적으로 나눠 선택하는 것이 아니라, 다양한 재능을 고루 펼쳐나갈 기회가 주어지면 좋겠다. 그러기 위해서는 체육이 생활의 중요한 일부가 되어야 한다. 체육은 사회성, 공간지각력, 집중력 등 여러 영역을 한꺼번에 배울 수 있는 '창의융합 교육'이기 때문이다. 하지만 우리의 공교육 현장에서는 안타깝게도 다른 교과목에 '얹히는 과목' 정도로 체육을 인식하고 있다. 유정애 중앙대학교 체육교육과 교수 겸 학교체육연구소장은 이렇게 말했다. "학생들이 국어, 영어, 수학뿐 아니라 팀 운동을 통해 리더십을 키우고 시야를 넓게 가질 수 있도록 도와야 해요. '건강한 몸에 건강한 정신이 깃든다'는 말이 괜히 있는 게 아닙니다."

체육 시간에만 빛나던 나의 '신체운동지능'은 나이가 들수록 많은 부분에서 빛을 발한다. 공부나 지식은 나이가 들면서도 쌓아갈 수 있다. 하지만 신체운동지능은 나이가 들면 퇴화하기 때문에 어릴 때부터 꾸준히 다져가야 한다. 중학생이 된 큰아이는 요즘 유도와 축구에 흥미를 갖고 있다. 얼마 전까지 킥복싱을 하다가 유도로 옮겨갔다. 평일에 학교를 마치면 공부에 필요한 학원을 다녀온다. 집에 오면 저녁을 먹고 잠시 쉬는 시간을 갖는다. 7시 30분이 되면 유도복을 입고 유도장에 간다. 돌아오면 온몸이 땀으로 흥건하다. 그리고 주말이면 축구화를 챙겨 들고 운동장으로 간다. 반나절은 친구들과 축구를 하며 시간을 보낸다. 운동을 하고 돌아오는 아이의 얼굴엔 늘 생기가 돈다.

나는 내 아이가 모든 면에서 완벽하길 바라지 않는다. 어차피 워킹맘인 나는 물리적으로도 아이에게만 온전히 집중할 시간이 없다. 대신 나는 내 아이가 어떤 지능을 타고났는지 관찰하려고 노력하고 있다. 그리고 아이의 타고난 지능을 발견하게 되면 그

지능을 온전히 꽃피울 수 있도록 도와주고 싶다. 아이의 부족한 지능을 채우기 위해 너무 애쓰지 말자. '신체운동지능'이 발달한 아이를 '논리수학지능'이 발달한 아이로 만들려고 한다면 부모와 아이 모두 불행해지지 않겠는가?

02
아이를 가장 잘 아는
사람은 엄마다

아침 6시 공포의 목소리

"엄마, 빨리빨리! 빨리 나가자."

다섯 살이 된 아이는 밖에 나가는 재미에 푹 빠져 있었다. 눈만 뜨면 어딘가로 빨리 나가자고 아우성이었다. 일단 밖으로 나가면 놀이터에 가든, 동네를 한 바퀴 돌든 하염없이 배회했다. 다섯 살은 혼자 다닐 수 있는 나이가 아니었다. 그래서 나는 매일 아침 경호원처럼 아이 옆에 붙어 따라다녀야 했다.

큰아이는 어린 시절 유독 아침형 인간이었다. 굳이 재우지 않아도 오후 9시면 잠이 들어 오전 5시에 일어나곤 했다. 그러다 다섯 살이 되고부터는 6시에 일어났다. 기상 시간이 한 시간 늦춰지면 나도 한결 여유가 생길 거라 생각했다. 하지만 실제는 내 예상과 달랐다. 아이는 알람을 맞춘 듯 6시면 귀신같이 일어나서 현관문으로 뛰어갔다. 손가락으로 현관문을 가리키며 막무가내로 나가자고 졸랐다. 보통 나는 7시쯤 출근길에 나서야 하기에 6시는 출근 준비를 해야 하는 시간이었다. 처음엔 '몇 번 그러다 말겠지' 대수롭지 않게 생각했다. 그런데 일주일이 지나도 아이는 같은 시간에 똑같이 현관문 앞에 서 있었다. 어쩔 수 없이 나는 5시에 일어나 출근 준비를 끝내고 아이가 일어나기를 기다렸다. 6시가 되자 어느덧 아이는 현관문 앞에 서 있었다. "엄마, 나가자."

처음엔 힘들었지만, 시간이 지나면서 몸이 적응하기 시작했다. 그러니 나도 그 시간을 내심 기다리게 되었다. 나는 아예 아이를 차에 태우고 근처 공원으로 갔다. 산 밑에 위치한 공원에서 아이는 맘껏 뛰어다녔다. 그 시간에 공원은 텅텅 비어 있었기 때문에 누구의 방해도 받지 않았다. 아이는 마냥 뛰기도 하고 비눗방울 놀이도 했다. 페달 없는 두발자전거를 씽씽 탈 수도 있었다. 그러다 가끔은 산책 나온 어르신들을 만났다. 강아지를 데리고 산책 나오신 할머니, 할아버지는 이른 시간에 공원에 나온 아이에게 관심을 보였다. 그리고 이내 아이가 부지런해서 훌륭한 사람이 될 거라는 둥 할아버지다운 덕담을 해주고 지나갔다. 나는 아이의 새벽 외출을 대수롭지 않게 생각했다. 그저 일시적인 행동일 거라고 여겼다. 그런데 아이의 새벽 외출은 계속되었다. 한 달이 지나, 두 달이 넘어갔다. 처음엔 40분 정도 놀다가 집에 돌아오면

7시쯤이 되었다. 그때면 출근하기에 큰 무리가 없는 시간이었다. 그런데 아이의 노는 시간은 40분에서 50분, 그러다 한 시간을 훌쩍 넘기 시작했다. 매번 약속을 하고 나가도 더 놀겠다는 아이를 집에 데려오는 게 점점 힘들어졌다. 게다가 아이를 억지로 집에 데려다 놓고 출근할 때면 하루 종일 마음이 편치 않았다. 아이는 원하는 만큼 실컷 놀아야 한다는 나의 육아 철학과도 맞지 않았다. 이런 나의 마음을 아는지 모르는지 가족들의 반응은 항상 질책에 가까웠다.

"그러게 왜 자꾸 그 시간에 애를 데리고 나가. 엄마가 자꾸 들어주니까 애가 더 그러는 거지. 언제까지 아침마다 실랑이를 벌일 거니. 내일부턴 단호하게 안 된다고 해." 이런 말을 자꾸 듣다 보니 나는 점점 혼란스러워지기 시작했다. '내가 정말 잘못하고 있는 건가?' '내가 아이 버릇을 잘못 들이고 있는 건가?' '애초에 안 되는 건 안 된다고 단호하게 이야기를 해야 했나?' 그때부터 이 상황을 어떻게 해결해야 할지 답을 찾기 시작했다. 아무리 책을 보고 육아 정보를 찾아보아도 답을 찾을 수가 없었다. 누가 콕 집어 정답을 알려주면 좋을 것 같았다. 그러다 큰아이가 다녔던 어린이집 선생님이 생각났다. 선생님께 조언을 구하고 싶다며 상담을 요청했다. 나는 그동안 있었던 일을 선생님께 말씀드렸다. 내가 정말 잘못하고 있는 건지 불안하다고 솔직하게 털어놓았다. 그리고 앞으로 어떡하면 좋을지 조언을 부탁했다.

"아이가 자꾸 밖에 나가자는 건 호기심이 많고 건강하다는 증거예요. 그런 시기가 계속 이어지는 건 아니랍니다. 할 수 있다면 더 많이 데리고 나가주세요." 그 말을 듣고 나니 마음이 너무 편해졌다. 어쩌면 내가 정말 듣고 싶었던 말이었는지도 몰랐다. 선생님이 너무 고마웠다. 나는 불필요한 고민을 하느라 시간과 에너지를 더 이상 낭비하지 않았다. 그때부터 온전히 아이와 즐거운 시간을 보내는 일에만 집중했다.

나만의 육아 원칙 지키기

2021년 육아 전문지 《베스트베이비》에는 '외출 좋아하는 아이의 심리'를 다룬 기사가 실렸다. 이 기사에 따르면, 밖에 나가기 좋아하는 아이들 대부분은 활동적인 성격을 보이며, 이는 타고난 기질적 특성과도 관계가 있다. 따라서 아이의 특성을 있는 그대로 인정하면서 에너지가 충분히 발산될 수 있도록 뛰노는 기회를 자주 제공해주는 것이 좋다고 한다.[2] 큰아이는 정말 활동적이고 에너지가 넘치는 아이였다. 그런 아이들은 어떤 식으로든 에너지가 충분히 발산될 수 있도록 해줘야 한다. 내가 아이에게 해준 방법은 다음과 같다.

1. 매일 일정한 시간에 외출한다.
2. 넓은 운동장이나 공원에서 자유롭게 놀게 한다.

3. 노는 시간을 너무 짧지 않게 최소 한 시간 이상 허용한다.

그 이후로도 가족의 질책은 계속되었다. 물론 가족의 조언에는 직장인인 나를 염려하는 부분도 있는 줄 알지만, 나는 더 이상 그런 말에 동요하지 않았다. 육아를 하면서 가족은 가장 든든한 지원군이자 가장 가까운 '적'이기도 했다. 육아 전문가가 아닌 주변인들의 말에 일희일비할 필요가 없었다. 그보다는 나만의 육아 철학을 갖는 게 더 중요했다. 아이를 키우는 엄마들은 종종 원치 않는 조언을 듣게 된다. 주위를 보면 초보 엄마들에게 이래라저래라 충고하는 친구나 가족이 많다. 자신이 육아에 대한 모든 걸 알고 경험했다는 듯한 태도로 충고한다. 나도 한때 주변 사람들의 충고에 휘둘리며 근심이나 걱정을 한 적이 많았다. 워킹맘이기에 육아에 대한 불안한 마음이 더욱 깊었다. 그들의 말이 모두 옳다고 생각한 건 아니지만, 늘 신경이 쓰였다. 그리고 듣기 싫은 말이어도 그 상황을 피하기란 쉽지 않았다. 하지만 시간이 지나고 경험이 쌓이면서 나는 나만의 방식으로 원치 않는 육아 조언에 대처할 수 있었다.

첫 번째, 상대의 말이 조언인지 참견인지 구별한다.
생각보다 나에게 도움이 되는 조언을 해주는 사람은 많지 않다. 대부분의 사람들은 그 순간 자신의 눈앞에 보인 육아의 한

단면만 보고 말을 꺼냈을 확률이 높다. 나의 육아 상황을 제대로 알지도 못한 채 말을 하는 사람들의 경우 그저 훈수 두기를 좋아하는 사람일 뿐이다. 엄마의 직감으로 일단 그런 사람들의 쓸데없는 참견을 걸러내는 게 우선이다.

두 번째, 상황을 회피할 수 있는 나만의 방법을 준비한다.

훈수 두기를 좋아하는 사람인 경우 대부분 '썰'을 풀어내기 시작하면 수다의 끝을 보고자 한다. 그 사람들은 나에게 조언을 하는 것이 목적이 아니라 그저 훈수를 두는 것이 목적이기 때문이다. 물론 악의가 있어서 그러는 것은 아니겠지만, 그들의 '썰'을 계속 듣기 힘들 때가 있다. 이럴 땐 적당한 타이밍에 대화를 끊어야 한다. 만약 어떤 식으로도 대화를 끊을 수 없는 상황이라면 그냥 무반응으로 대처하면 그만이다. 무반응의 의미를 그들도 곧 알아챌 테니까.

세 번째, 나만의 육아 철학을 확고히 다진다.

엄마가 되면 누구나 불안하다. 아이가 소중한 만큼 과연 내가 아이를 제대로 키우고 있는지 끊임없이 자문하기 때문이다. 그러므로 부모는 자주 팔랑귀가 된다. 이 시기에 누군가 '이러다 큰일 난다'며 참견을 시작하면, 불안한 엄마는 한없이 흔들릴 수밖에 없다. 물론 전문가들의 육아 조언을 참조할 필요가 있지만, 그들의 육아 매뉴얼조차 '내 아이'에게 꼭 맞는 정답을 찾기란 어렵다. 내 자식을 가장 잘 이해하는 것은 엄마인 '나'뿐이다. 아이에게 최선이라고 생각되는 방식은 엄마가 선택하면 된다. 내 아이에게 좋은 게 무엇인지 엄마보다 잘 아는 사람은 그 누구도 없다는 걸 명심하자.

시간이 흘러 큰아이는 이제 중학생이 되었다. 요즘 들어 그 시절이 가끔 생각난다. 지금 와서 생각해보면, 별것 아닌 일로 심각하게 고민했다는 사실에 웃음이 나기도 한다. '아이를 계속 데리고 나가야 하나 말아야 하나'는 그 당시 나에게는 정말 큰 고민거리였다. 하지만 지금은 오히려 그 시기에 더 많이, 더 열심히 놀아주지 못한 게 아쉬움으로 남는다. 평일과 주말을 가리지 않고 새벽에 일어나는 아이 때문에 너무 힘들던 시기였다. 울거나 말거나 아이를 그냥 내버려두라는 지인의 조언도 있었다. 하지만 우는 아이를 그냥 내버려두는 건 현실적으로 어려웠다. 내 육아 철학도 아니었거니와 둘째 아이가 잠에서 깨면 상황은 더 힘들어지기 때문이었다. 이 역시 사람들의 조언이 무색해지는, 엄마인 내가 가장 잘 아는 현실적인 상황이었다. 아이는 초등학교 시절 내내 새벽 6시에 일어났다. 중학생이 되면서 30분 정도 기상 시간이 늦어졌다. 그러다가 저녁에 유도를 시작하면서부터 더 이상 출근 전에 아이의 깨어 있는 모습을 볼 수 없게 됐다. 지금은 아이

이제 막 복직한 김 과장에게

와 함께 산책하고 싶어도 시간을 맞추기가 쉽지 않다. 아이도 나름대로 친구들과의 사회활동이 많아졌기 때문이다. 그래서 지금은 그 시간들이 더욱 그리워지는 것 같다.

아이가 간절히 원할 때 아이의 요구를 우선순위에 두자. 다시 돌아오지 않을 그 시간을 최선을 다해 행복한 마음으로 즐겨보자. 아이와 함께할 수 있는 시간은 생각보다 길지 않다. 주위 사람들의 조언에 휘둘리며 고민할 필요가 없다. 엄마만의 육아 철학을 바탕으로 흔들리지 말자. 내 아이가 원하는 걸 가장 잘 아는 사람은 엄마다.

03
아이의 흥미를
따라가는 것이 답이다

모처럼 계획한 엄마들의 시간

일일 현장 과학체험

선생님과 함께 전시관도 관람하고, 창의력이 쑥쑥 자라나는 과
학체험도 함께해요!

대상: 유아~초등 단체 (15인 이상)

시간: 하루 4~5시간

아이와 함께 과천과학관에 갔던 날이었다. 입구에 붙어 있는
포스터가 눈에 띄었다. 포스터를 살펴보니 15명을 모으면 과학체
험을 신청할 수 있었다. 체험은 아이들끼리 하는 것이었다. 더욱

이제 막 복직한 김 과장에게

놀라운 것은 체험 시간이 4~5시간 동안 진행된다는 것이었다. 아이가 4시간 동안 체험을 할 수 있다니! 생각만 해도 설레기 시작했다. 아이들을 체험장으로 들여보내고 나면 엄마들만 남는다. 그러면 온전히 엄마들끼리 거의 4시간 동안 티타임을 가질 수 있었다. 이건 무조건 신청해야 하는 체험이었다. 과천과학관은 엄마들에게 인기 있는 장소 중 하나였다. 아이에게 자연스럽게 과학 체험을 해줄 수 있는 것은 물론, 주차장도 넓고 입장료도 부담스럽지 않았다. 나는 주말이면 아이를 데리고 종종 과천과학관에 갔다. 그러다 우연히 '일일 현장 과학체험' 포스터를 발견한 것이다. 나는 그걸 보는 순간 바로 '이거다' 싶었다. 아이도 즐겁고 엄마도 행복한 그야말로 일석이조의 행사였다.

당시 온라인 육아 카페에서 나름 열정적으로 활동하던 나는 카페에 공지를 띄웠다. 포스터 사진을 올리고 선착순 15명을 모집한다는 내용을 적었다. 예상대로 15명은 순식간에 모집이 되었다. 나는 신나게 명단을 취합하고 과학관에 체험학습을 신청했다. 신청 접수를 하고 비용도 곧바로 지급했다. 오랜만에 엄마들과 티타임을 가질 생각에 들떠 다른 일은 모두 제쳐두고 신속하게 처리했다. 워킹맘인 탓에 가끔 주말에 키즈 카페나 과학관에서 엄마들을 만날 수밖에 없었으니, 오랜만에 엄마들과 나누고 싶은 말이 너무 많았다. 다른 엄마들도 마찬가지로 이 4시간의 '우아한' 티타임에 잔뜩 기대를 품고 있는 듯했다.

드디어 대망의 현장 체험날이었다. 나는 아침부터 씻고 서둘러 외출할 준비를 했다. 어찌나 신이 나던지 알람이 울리기도 전에 눈이 번쩍 떠졌다. 아침부터 카톡이 울려대기 시작했다. '너무 기대되네요' '빨리 만나요' 등등 엄마들 모두가 나와 같은 마음인 듯했다. 아침부터 아이에게 건네는 나의 말투는 그날따라 유난히 부드러웠다. 세상 다정한 엄마였다. 아이의 컨디션이 조금이라도 나빠질까 봐 모든 게 조심스러웠다. 여섯 살 아이의 컨디션은 그날 일과를 좌지우지할 만큼 중요하기 때문이었다.

약속했던 시간, 15명의 아이들이 엄마와 함께 과학관에 모였다. 선생님이 오셔서 엄마들과 인사를 나누었다. 인사를 마친 선생님은 아이들을 모으고 명단을 확인했다. 올망졸망 모여 있는 15명의 아이들이 너무나 귀여웠다. 이제 아이들은 선생님과 함께 과학관 견학을 시작할 예정이었다. 엄마들은 어디서 아이를 기다릴지 의견을 모으고 있었고, 나는 이제 곧 헤어질 아이들을 바라보며 흐뭇한 미소를 짓고 있었다. 그런데 그때 갑자기 저쪽에서 내 아이가 나를 향해 뛰어오기 시작했다. 순간 아이가 뛰어오는 그 장면이 슬로모션처럼 보였다. 불안감이 엄습해왔다.

"엄마, 나 저기 안 가."

"진수야, 무슨 소리야. 저기 가면 엄청 재미있어."

"싫어, 내가 왜 가야 하는데. 나 절대 안 갈 거야."

"진수야, 일단 가야 해. 다들 기다리고 있잖아. 너 안 가면 다른 애들이 계속 기다려야 해. 일단 가자."

　엄마들과 아이들 그리고 선생님이 나와 진수를 쳐다보고 있었다. 나는 아이를 구석으로 데려가 설득을 시도했다. 현재 상황과 엄마인 나의 입장을 열심히 설명했다. 하지만 여섯 살밖에 안 된 아이가 엄마의 입장 따위를 알아줄 리가 없었다. 나는 진땀이 나기 시작했다. '어떻게 해서든 아이를 과학관으로 들여보내야 한다.' 마음이 조급해진 나는 아이를 협박하기 시작했다. "너 엄마가 아침부터 여기 오느라 얼마나 힘들었는지 알아? 빨리 들어가. 너 안 들어가면 엄마 다시는 여기 안 온다. 점심에 햄버거도 안 사줄 거야. 빨리 들어가!" 아무리 협박하고 어르고 달래도 아이는 들어갈 생각을 하지 않았다. 두 주먹을 불끈 쥐고 서서 나를 똑바로 바라보았다. 두 눈이 이글이글 불타오르고 있었다. 온몸과 눈빛으로 절대 들어가지 않겠다는 의지를 표출했다. 결국 나는 욕심을 버릴 수밖에 없었다.

아이에게도 결정할 권리가 있다

　생각해보면 처음부터 나 혼자 결정한 일이었다. 아이의 의사를 물어보지도 않았다. 아이가 당연히 좋아할 거란 생각도 나 혼자만의 착각이었다. 아무리 그래도 다른 14명의 아이는 저렇게 잘 따라가는데…. 나는 솔직히 '왜 우리 아이만 이렇게 유별날까' 란 생각을 하지 않을 수 없었다. 나머지 아이들은 과학관으로 들어갔다. 엄마들은 하나같이 아쉬워서 어떡하냐며 나를 위로했다. 사실 무척 아쉬웠지만, 나는 웃으며 괜찮다고 쿨하게 말했다. 아직 어려서 그런 것 같다고 아이를 살짝 감싸주기도 했다. 그때 한 엄마가 나에게 말했다. "진수 엄마 진짜 대단하다. 나 같으면 무조건 들여보냈을 텐데. 여기까지 왔는데 아쉬워서 어떡해. 너무 아깝다. 내가 다 속상하네."

어떻게 싫다는 아이를 무조건 들여보낸단 말인가. 순간 나는 정신이 번쩍 들었다. 나의 입장 때문에 아이가 원치 않는 일을 강요할 뻔했다. 그렇게 해서 아이가 과학관에 들어간들 재미있을 리가 없었다. 아이에게 그 4시간은 길고 긴 괴로운 시간이었을 것이다. 게다가 그렇게 하면 아이의 의사를 내가 일방적으로 묵살해버리는 것이었다. 갑자기 아이에게 미안한 마음이 들었다.

"엄마 나 지금 자전거 탈래. 여기서 새로 산 자전거 타면 엄청 재밌을 것 같아."

"자전거? 여기서 자전거를 탄다고?"

"어, 나 지금 자전거 타야 돼. 빨리 자전거 꺼내주세요."

과학관에 와서 자전거라니…. 내 마음을 알 턱이 없는 아이는 나한테 자전거를 타겠다고 했다. 당시 아이는 한참 자전거에 흥미를 갖고 있었다. 나는 차 트렁크에서 아이의 네발자전거를 꺼내주었다. 넓은 과학관에서 아이는 신나게 네발자전거를 타기 시작했다. 체험하는 4시간 동안 아이는 쉬지 않고 자전거를 탔다.

엄마들은 한쪽에 모여 우아하게 커피를 마시고 있었다. 웃으면서 대화를 나누는 모습에서 여유가 느껴졌다. 나도 저기에 앉아 있어야 하는데…. 하지만 그 모습을 뒤로한 채 나는 자전거 타는 아이를 쫓아다니느라 정신이 없었다. 유난히 햇볕이 쨍쨍 내리쬐던 날이었다. 그날따라 과학관은 평소보다 더 넓게 느껴졌다.

칼럼니스트 주혜영 박사는 2018년 《베이비뉴스》를 통해 '하기 싫은 것을 하지 않을 권리'에 대해 말했다. "하기 싫은 것을 하지 않을 권리도 의사 결정권의 한 유형이다. 의사 결정권의 범주에 있는 하지 않을 권리를 인정하는 것이 어쩌면 짜장면을 먹을까, 스파게티를 먹을까를 결정하는 것보다 더 중요하다."[3]

나는 아이의 의사 결정권을 무시할 뻔했다. 아찔한 순간이 아닐 수 없다. 인간은 스스로 선택할 수 있을 때 행복하다. 성인들도 스스로 선택하고 결정한 일을 할 때 능동적으로 실행한다. 특히 나 같은 경우 그런 성향이 더 강한 편이다. 나는 아이가 자기의 삶을 능동적으로 살길 바란다. 또 아이 스스로가 주도적인 의사결정을 하고 자아존중감을 높여가길 바란다. 아이가 그런 어른으로 자라려면 아이에게 스스로 선택하고 결정할 수 있는 권리를 많이 부여해야 한다. 그런 권리를 '자기결정권'이라고 한다. 자기결정권을 많이 경험한 아이는 자신의 잘못된 선택이나 결정을 통해 실패를 경험하기도 한다. 그런 실패의 경험으로 본인의 결정에 대한 책임도 본인에게 있다는 것을 배우게 되는 것이다. 그날

이제 막 복직한 김 과장에게

이후 나는 아이에게 더 많은 자기결정권을 부여하기로 다짐했다. 아이의 결정과 의사를 귀 기울여 듣고 존중하려고 노력했다. 그렇게 하다 보니 아이는 자연스럽게 본인의 흥미를 따라갈 수 있었다. 나는 아이가 싫다고 하는 일이 있으면 나의 욕심보다 아이의 의사를 따랐다.

그날 과학관에서 신나게 자전거를 탔던 아이는 스스로 결정하고 행동할 수 있다는 걸 배웠을 것이다. 그 이후에도 아이는 많은 것들을 스스로 선택했다. 나는 먹고 싶은 음식을 고르는 일부터 다니고 싶은 학원을 선택하는 것까지 아이에게 많은 결정 권한을 주었다. 물론 모든 걸 아이의 의견대로만 결정한 건 아니었다. 나와 의견이 맞지 않을 때는 타협을 하고 협상을 해나갔다. 내가 무엇보다도 중점을 두었던 건, 아이에게 스스로 결정할 수 있는 권리를 주고, 그것을 통해 아이가 능동적으로 행동하는 것이었다.

스스로 결정하고 행동하며 자란, 과학관에서 자전거를 타던 내 아이는 지금 중학생이 되었다. 중학생이 된 지금도 아이는 자신의 흥미를 찾아 많은 것에 도전하고 있다. 얼마 전까지 유도에 흥미를 느끼다가 이제는 아무래도 킥복싱이 더 재미있는 것 같다며 킥복싱을 다시 해보겠다고 한다. 한번은 시에서 주관하는 투포환 대회에 출전해서 2위를 차지하기도 했다. 결국 아이의 흥미를 따라가는 것이 답이다. 아이의 흥미를 따라가다 보면 아이가 정말로 원하는 것이 무엇인지 알 수 있게 된다. 나는 본인이 원하는 것을 발견한 아이는 세상을 적극적이고 능동적으로 살아가게 될 것이라고 믿는다.

04

욕심 육아의 흑역사,
'다개국어' 책장

조기교육에 목숨 건 엄마들

'외국어는 언제 가르쳐야 좋을까?'

대한민국 엄마라면 누구나 한 번쯤은 이런 고민을 하지 않을까? 나 역시도 아이가 태어나기 전부터 고민을 종종 했다. 영어영문학 전공인 나는 대학교 전공수업으로 언어학을 수강한 적이 있었다. 그 강의 내용이 아직도 선명히 기억나는데, 언어의 뇌에 관한 이야기였다. 대략 이런 내용이었다. 인간은 태어날 때부터 뇌에 여러 개의 언어 방을 갖는다. 각각의 방은 사용하는 만큼 커진다. 그래서 줄곧 모국어만을 사용한 성인의 뇌는 모국어의 방이 다른 것에 비해 커지기 때문에 나이가 들수록 외국어를 습득하는 게 어려워진다는 것이다. 당시 나는 자연스럽게 '아이가 태어난 순간부터 모국어랑 영어를 같이 노출해주면 뇌의 언어 방 크기가 같아지겠네?'라고 생각했다. 두 언어의 방 크기가 같아지면 두 언어를 다 모국어처럼 사용할 수 있으니까.

상명대학교 황혜신 박사는 2004년에 「조기 영어교육이 유아의 이중 언어 발달에 미치는 영향」이라는 논문을 발표했다. 이 논문에서 황혜신 박사는 영어 유치원에 다니고 있는 유아들과 일반 어린이집에 다니고 있는 유아들의 언어 발달 관계를 살펴보았다. 그 결과, 유아들의 영어 능력은 영어교육을 받은 유아들이 그렇지 않은 유아들보다 뛰어났다. 반면에 영어교육을 받은 아이들과 받지 않은 아이들의 한국어 능력은 차이가 나지 않는 것으로 나타났다. 결국 조기 영어교육을 받고 있는 유아들은 두 언어가 균형적으로 발달하고 있으며, 이들의 외국어 능력이 모국어 능력이 희생되는 대가로 얻어지는 것이 아님을 보여주었다. 즉, 조기 영어교육을 받고 있는 유아들은 모국어 능력과 더불어 외국어 능력도 가지게 된다는 것이다. 상황이 이렇다 보니, 아이를 키우는 부모 입장에서는 언제 외국어를 가르쳐야 좋을지 고민하지 않을 수 없다. 이왕이면 일찍 시작하는 것이 안 하는 것보다 낫다는 생각마저 든다.

하지만 막상 내 아이가 태어났을 때 조기 영어교육을 시키겠다는 생각은 전혀 없었다. 기본적으로 나는 교육보다는 아이가 건강하고 행복하게 자라야 한다고 생각했다. 그때는 아이 얼굴을 바라보는 것만으로도 마냥 행복한 시절이었다. 그러다 아이가 10개월쯤 됐을 무렵이었다. 인터넷에서 육아 정보를 찾던 중 외국어를 능수능란하게 쓰는 한 아이의 영상을 보게 됐다. 그 모습이 너무 신기해서, 관련 영상을 계속 찾아보게 되었고, 결국 '다개국어 카페'란 곳에 가입하게 됐다. 그곳은 그야말로 신세계였다. 영어를 비롯한 중국어, 일본어, 스페인어, 프랑스어 등 외국어를 하는 아이들의 영상들이 수없이 많았다. 왜 어렸을 때부터 외국어 교육을 시작해야 하는지, 아이가 외국어를 통해 어떻게 자존감을 높이게 되는지, 얼마나 즐겁게 외국어를 접할 수 있는지에 대한 글들도 넘쳐났다. 한참 동안 그런 글들과 영상들을 보게 됐다. 그러다 보니 나도 아이를 위해 뭔가를 해줘야 한다는 생각이 들었다. 잘 개발된 어학 교구들로 자연스럽고 재미있게 외국어를 노출해주면 아이에게 좋은 자극이 될 거라고 생각했다.

"하우 아 유?" "니 하오 마?" "곤니치와" "봉주르" 그때부터 난 외국어 교구들을 사들이기 시작했다. '앙팡맨' 펜을 누르면 일본어가 나오는 전자책부터 외국어 전집들, 중국어 단어 카드, DVD 등에 이르기까지 정말 셀 수 없이 많았다. 손가락으로 단어 카드를 찍어가며 아이에게 외국어 한 단어라도 더 들려주기 위해 쉬지 않고 말을 걸었다. 그동안 워킹맘이라는 핑계로 제대로 못 해준다는 마음이 있었는데, 그렇게 외국어를 가르치면서 스스로 뿌듯한 기분도 들었다. 단어 하나라도 더 들려주고 싶었고, 조금이라도 더 흥미를 끌고 싶었다. 외국어 조기교육을 위해서는 외국어에 노출되는 환경이 중요하다는 명분도 있었다. 정말 아이를 위한 간절한 마음이었다.

그 시기에 아이가 좋아했던 애니메이션 중에 〈도라Dora〉가 있었다. 〈도라〉는 영어 원작이지만 스페인어도 나오기 때문에 영어와 스페인어를 동시에 가르치고 싶은 엄마들이 선호하는 애니메이션이었다. 나 역시도 미국에서 '직구'하여 아이에게 수시로 보여주었다. 〈도라〉의 내용 중에 터널을 지나가면서 영어로 "터널 tunnel~"이라고 외치는 장면이 있었다. 어느 날 차를 타고 터널을 지나가는데, 아이가 애니메이션에서 나온 장면과 똑같이 "터널~"이라고 외치는 것이었다. 어찌나 놀랍고 신기하던지. 그날 나는 카페에 '진수의 첫 아웃풋'이라는 제목으로 그날 느낀 감동을 고스란히 글로 남겼다. 돌이켜보면, 민망하고 부끄러운 기억이다. '터널'이라는 말은 굳이 영어 애니메이션을 보지 않아도 때가 되면하게 될 말이 아니었을까. 별것도 아닌 일에 온갖 의미를 부여하며 서로 축하를 주고받던 그날이 떠오른다.

하지만 시간이 지날수록 온갖 교구들을 구입했던 나의 행동은나 자신의 만족을 위해서가 아닐까 하는 생각이 들었다. 아이가아니면 나라도 외국어 공부를 하면 된다는 말도 안 되는 이유로나 자신을 설득했다. 공동구매 방식이다 보니, '이번 한 번만, 이번 한 번만' 하면서 계속해서 새로운 교구들을 구입하게 되었다.

내가 워킹맘인데 아이한테 이 정도도 못 해주냐는 보상 심리까지 더해졌다. 상황은 점점 더 걷잡을 수 없었다. 카페 안에 '활동 스터디'라는 것이 있었는데, 아이에게 계속 외국어를 노출해주는 장면을 동영상으로 찍어 올리는 것이었다. 그리고 아이의 외국어 사용 장면을 포착해야 하는 미션도 있었다. 나는 그 미션을 위해서 주말이면 온종일 핸드폰을 들고 아이 뒤를 쫓아다녔다. 심지어 아이에게 중국어를 노출해주기 위해 내가 직접 중국어를 배우기까지 했다. (그 결과 기본적인 회화와 자기소개까지 할 수 있는 실력이 되었다.) 그렇게 하루하루 열정을 뿜어내며 나의 에너지는 고갈되고 있었다.

언어는 도구일 뿐이다

어느 날 거실에 앉아 있는데 눈앞에 온갖 종류의 언어로 된 형형색색의 동화책들이 보였다. 아이를 위해 마련한 '다개국어' 책장이었다. '내가 지금 뭐 하고 있는 거지?' 그동안의 시간을 하나하나 되짚어보았다. 처음엔 분명 아이에게 외국어에 대한 흥미를 일으키고 자연스럽게 노출해주자는 게 목적이었다. 하지만 시간이 지날수록 나의 욕심이 과해졌다. 내가 온종일 회사에 있는 동안 아이를 돌봐주는 건 친정 엄마다. 그런데 나도 제대로 읽지 못하는 저 책들은 도대체 누구를 위한 것이란 말인가. 얼마 전 친정 엄마가 나에게 했던 말이 불현듯 생각났다. "진수 엄마야, 여기 책장에 한글 책들 좀 꽂아두면 안 되니? 진수가 책을 읽어달라고 자꾸 가져오는데 내가 읽어줄 수가 있어야지." 사실 나는 그 이야기를 듣고 책마다 외국어 발음을 한글로 적어놔야 할지 고민까지 했다. 그 순간 정신이 번쩍 들었다. 그날 나는 외국어 책들을 모두 치워버렸다. 그리고 아이 수준에 맞는 한글 동화책으로 책장을 가득 채워 넣었다.

주위를 살펴보면, 실제로 언어 지능이 뛰어난 몇몇 아이들은 여러 외국어를 손쉽게 하기도 했다. 그런 아이들의 '완성된' 모습을 보고 많은 엄마가 불나방처럼 외국어 조기교육에 뛰어든다. 운이 좋으면 내 아이도 그런 아이 중 한 명이 될 수 있을 것이다. 하지만 내 아이는 아니었다.

2016년에 방송된 SBS〈영재발굴단〉에서 외국어 조기교육의 문제점에 대해 다루었는데, 이 방송은 핀란드의 외국어 교육을 소개하며 그에 대한 해답을 제시했다. 〈영재발굴단〉에서는 제보를 받아 외국어에 재능이 있는 아이들을 소개했다. 하지만 외국어에 재능이 있는 아이들은 기억 능력이 뛰어난 반면, 이해 능력은 떨어지는 것으로 나타났다. 이날 소개된 영재 교육학자는 "만 5세 이전의 유아들에게는 모국어를 통한 사고 능력을 키우는 것이 중요하다. 모국어 능력이 좋아야 외국어 능력도 좋아질 수 있다"고 조언했다. 특히 핀란드에서는 외국어 교육은 평균 8세, 9세 정도에 시작하는 것으로 알려졌다. 세계 교육계에서 '핀란드식 방법finnish method'으로 주목할 만큼 교육 수준이 높은 핀란드 역시 모국어를 먼저 익히는 것을 가장 중요한 우선순위로 놓은 것이다.4 또한 신경약리학 전문가인 서유헌 가천대 석좌교수는 2019년 《한국일보》를 통해 "모든 교육은 뇌의 발달과 함께 가야 효과가 있다"고 주장했다. 서 교수는 "모국어도 소화하기 힘든 유아 시기에 언어를 담당하는 뇌(측두엽)에 외국어가 들어오면 학습은커녕 스트레스가 될 확률이 매우 높다"며 "보통 뇌의 발달이 모국어와 외국어를 동시에 학습할 수 있는 시기, 적어도 초등학교 진학 후에나 외국어 습득이 효과를 볼 수 있다"고 말했다.5

나는 그렇게 경험으로 깨닫게 됐다. 무리한 외국어 욕심은 엄마와 아이 모두를 혼란스럽게 한다. 그리고 육체적으로나 경제적으로 부담이 크다. 나는 종종 캐나다 어학연수 시절에 만났던 한국인 언니가 생각난다. 그 언니는 나보다 나이가 열 살가량 많았고 늦은 나이에 어학연수를 선택할 만큼 영어에 열정이 있었다. 그렇지만 늦게 시작한 만큼 영어가 조금 서툴렀다. 그 언니는 유독 정치적 성향이 강했던 사람인데, 어느 날 홈스테이 주인아저씨와 정치에 대한 논쟁을 하게 됐다. 비록 더듬거리는 영어 실력이었지만, 끝까지 본인의 논리를 펼치며 영어가 모국어인 아저씨에게 본인의 주장을 납득시켰다. 그 모습을 본 나는 '언어는 도구'일 뿐이라는 말의 의미를 깨닫게 되었다. 영어를 잘하기 이전에 깊고 풍부한 지식과 논리가 밑바탕이 되어야 한다.

그러기 위해서 가장 중요한 건 모국어를 정확하게 익히는 것이다. 그렇게 습득한 모국어를 통해서 아이의 상상력과 사고력을 길러주며, 언어를 깊이 있게 확장해나갈 수 있다. 한글 책을 많이 읽어주는 게 결국은 외국어를 비롯한 전반적인 언어 능력을 키우는 데 중요한 일이 된다. 워킹맘들이여 외국어 조기교육에 목숨 걸지 말자. 하루 한 권의 한글 책으로 아이의 모국어 능력을 키워주자. 퇴근 후 한글 책 한 권만 잘 읽어주는 것으로도 충분하다. 불안해할 필요가 없다.

05
아이 친구 엄마와
갈등이 생긴다면

왜 눈물이 나는 거지?

어느 화창한 여름날이었다. 그날은 여느 때와 마찬가지로 유치원 방과후 활동인 축구 교실이 있었다. 축구 교실이 끝난 뒤 아이들은 학교 운동장에 남아서 놀았다. 엄마들은 운동장 한편에 모여 이야기꽃을 피우고 있었다. 아이들이 하나둘 집으로 돌아가고 한 여덟 명 정도가 남아 있던 오후 5시경이었다. 한참 엄마들과 이야기를 나누고 있는데 어디선가 큰 소리가 운동장에 쩌렁쩌렁 울려 퍼졌다. "진수야!" '어 진수? 우리 진수 말하는 건가?' 나는 본능적으로 소리 나는 쪽을 쳐다보았다. 불안한 기운이 엄습해왔다. '설마 무슨 일이 생긴 건 아니겠지?' 큰 소리가 난 곳에는 진수와 친구 경준이, 그리고 경준이 엄마가 쪼그려 앉아 있었다. 놀란 마음을 안고 슬그머니 가서 진수 옆에 앉으며 경준이 엄마에게 무슨 일이냐고 물었다. 진수는 무엇에 놀랐는지 이미 백지장 같은 얼굴에 공포심이 가득했다. 그 엄마는 내가 온 것에 아랑곳하지 않았다. 계속 큰 소리로 옆에 있던 벽돌을 가리키며 아이를 다그쳤다.

"진수야, 이런 위험한 벽돌로 사람을 치면 되겠니?"

나는 순간 너무 놀라 그 아이를 향해 물었다.

"경준아, 진수가 이 벽돌로 널 때렸니?"

그 아이는 눈물로 범벅이 된 얼굴로 그렇다며 고개를 끄덕였다. 나는 조심스럽게 진수에게 물었다.

"진수야 무슨 일이야. 네가 정말 이 벽돌로 경준이를 때렸어?"

아이는 아무 말 없이 공포심 가득한 얼굴을 푹 숙이고는 모래를 만지작거렸다. 나는 가슴이 두근거리기 시작했다. '이럴 땐 어떻게 해야 하지?' 갑자기 머릿속이 하얘졌다. 그때 한 엄마가 다가오며 진수가 일방적으로 경준이를 때린 게 아니라며 상황을 설명하려 했다. 그런데 경준이 엄마가 그 엄마의 말을 가로막았다. 그 엄마는 자기가 처음부터 아이들이 노는 걸 봤기 때문에 이야기하는 거라고 했다. 경준이 엄마는 당신이 왜 아이들 일에 참견하느냐고 다그쳤다. 아이들에게 이야기를 들을 것이니, 그 엄마에게 저리 가라고 소리를 질렀다. 하지만 난 지푸라기라도 잡는 심정으로 간절한 눈빛을 그 엄마에게 보냈다. 그리고 어떻게 된 일이

이제 막 복직한 김 과장에게

냐고 얘기 좀 해달라고 애원했다.

그 엄마의 얘기로는 벽돌을 세워놓고 애들이 모래를 가지고 놀고 있었다. 그런데 벽돌이 쓰러지면서 경준이 새끼손가락에 맞았다는 것이다. 그 엄마는 진수가 그 벽돌을 일부러 쓰러뜨린 것도 아닌데 일방적으로 아이를 그렇게 다그치면 어떡하냐고 말했다. 하지만 경준이 엄마는 이미 이성을 잃고 계속 소리를 질러댔다. 그리고 급기야 나를 훈계하기 시작했다. 진수가 평소에도 이런 과격한 행동을 하는 걸 여러 차례 목격했다며, 이런 잘못된 행동은 바로잡아줘야 한다고 했다. 순간 나도 화가 치솟았다. 가만히 있으면 안 되겠다는 생각에 한마디 하려는 찰나였다. 순간 정신이 번쩍 들었다. 아이가 옆에서 듣고 있었다. 내 아이가 자기를 비난하고 질책하는 이 무지막지한 이야기를 지금 나와 함께 듣고 있는 것이었다.

"그만하시죠. 나중에 아이들이 없을 때 저랑 둘이 이야기하는 게 좋을 것 같습니다."

일단 상황을 그렇게 마무리하고 난 아이를 데리고 그곳을 벗어났다. 아이의 손을 꼭 잡고 차를 향해 걸어갔다.

"진수야, 엄마가 진수 엄청 많이 사랑하는 거 알지?"

"그럼, 당연히 알지."

아이는 씩 웃었다. 아이는 괜찮은 걸까? 진짜 아무렇지도 않은 걸까? 순간 나도 모르게 그 자리에서 아이를 꼭 안고 한동안 서 있었다.

　그렇게 아이만 괜찮으면 그냥 넘어갈 수 있는 일이라고 생각했다. 그런데 그게 아니었다. 시간이 지날수록 내 가슴속에 화가 끓어오르기 시작했다. 아이가 잠들고 혼자 남게 되자, 갑자기 공포에 떨며 고개를 떨군 내 아이의 모습이 떠올랐다. 가슴이 답답하고 미칠 것 같았다. 그 순간에 내가 한마디 제대로 말하지 못한 것이 너무 분하고 억울했다. 그냥 넘어가면 안 될 것 같았다. 이 일을 어떻게 갚아주지? 한 학기 남았으니까 졸업식 날 이야기할까? 이제 두 번 다시 볼 일 없으니까. 그래 좋다. 졸업식 날, 다 끝나고 조용히 불러서 사람 많은 데서 똑같이 갚아주자. 나도 당하고만 있을 순 없지. 그런데 그 순간 거짓말처럼 눈물이 떨어지기 시작했다. 이게 뭐지? 왜 눈물이 나는 거지? 나도 알 수 없는, 미칠 것 같은 복받치는 감정을 주체할 수가 없었다. 누군가가 간절히 필요했다. 누군가에게 이야기하지 않으면 견딜 수 없을 것 같았다. 그 순간 아이를 90일 때부터 봐주었던 어린이집 선생님이 문득 생각나서 문자를 보냈다. '선생님 주무시죠?' 뭔가 이상한 기운을 느꼈는지 선생님은 바로 전화를 해주었다. 전화를 받는 순간 나도 모르게 울컥하면서 눈물이 쏟아졌다. 그렇게 전화기를 잡고 한동안 복받치는 설움을 쏟아냈다.

　　　　　　　　　　　　　　　이제 막 복직한 김 과장에게

갈등이 일어났을 때 해야 할 것들

이미 대학생과 고등학생이 된 두 아들을 키우는 선생님은 담담한 목소리로 말했다. 아이를 키우면서 겪은 이야기를 비롯해 이런저런 사적인 이야기를 나에게 들려주었다. 선생님도 아이가 어렸을 때 그런 일을 겪은 적이 있다고 했다. 당시 선생님은 아이에게 사과하는 게 좋겠다고 말하니 상대방 엄마는 사과는 무슨 사과냐며 바로 자리를 뜨더라는 것이다. 선생님은 이런 억울한 일을 또 겪을 수 있다고 하며, 그럴 땐 철저히 아이 입장에서 아이의 억울한 마음을 풀어줘야 한다고 말했다. 그리고 무엇보다 중요한 것은 그런 일을 겪었을 때 엄마가 그 상황에서 빨리 벗어나는 것이고, 그래야지 아이를 위해 다음 일을 할 수 있다고 했다. 새벽 1시가 훌쩍 넘어서까지 선생님과 통화를 했다. 울다 웃기를 몇 번 반복하면서 마음이 차분해지기 시작했다. 전화를 끊고 마음이 진정됐다고 생각했지만, 그 상황에서 아이가 느꼈을 공포와 억울한 마음이 자꾸 떠올라 좀처럼 기분이 나아지지 않았다. 그때 전화를 끊고 나서도 진수의 아기 시절 사진을 뒤져보면서 얼마나 혼자 청승맞게 울었는지…. 하지만 내 감정보다도 선생님 말처럼 아이의 억울한 마음을 풀어줘야 한다는 생각이 들었다. 그렇게 하룻밤을 꼬박 새웠다.

그런데 그게 시작이었을까. 한번 상처 입은 마음은 계속 곪아갔다. 그 순간 지켜주지 못했던 미안함, 상처받았을 아이의 마음,

그리고 나에 대한 질책까지. 그러다 내가 아이를 위해 해줄 수 있는 일은 경준이 엄마에게 직접 사과를 받게 해주는 일이라고 생각했다. 다음 날 아침, 버스를 타고 진수를 등원시키며 억울한 마음을 풀어주고 싶어서 일부러 버스정류장으로 걸어가며 아이에게 아무렇지 않은 척 물어봤다.

"진수야, 어제 경준이 엄마가 진수가 벽돌로 경준이 때리지도 않았는데 때렸다고 해서 혹시 억울하지 않았어?"

지레짐작으로 혼날 거라고 생각했는지 아이는 놀란 표정으로 날 쳐다봤다.

"엄마는 어제 엄청 화가 났었어. 진수가 경준이를 때리지도 않았는데 진수한테 그랬다고 해서. 진수도 진짜 화났었지?"

"아니~."

"진짜? 진수는 화나지 않았어? 엄마 같았으면 엄청 화가 났을 것 같은데. 엄마는 지금도 너무 화가 나거든."

그랬더니 아이는 갑자기 무거운 표정으로 한동안 정지화면처럼 서 있었다.

"엄마, 나 힘들어. 나 좀 업어줘."

그 순간 나는 당황했다. 이런 이야기를 하고 있는데 왜 뜬금없이 업어달라는 거지? 그래서 잠깐 멈칫하다가 아이를 업어주었다. 그때는 미처 생각하지 못했다. 표현력이 부족한 아이에게 그것은 위로받고 싶다는 표현이었다는 것을. 아이를 업고 정류장으

이제 막 복직한 김 과장에게

로 걸어가면서 나는 아이에게 이런저런 이야기들을 들려주었다.

"진수야, 엄마랑 아빠가 진수 정말 사랑하는 거 알지? 엄마 아빠는 항상 진수 편이야. 진수가 화나거나 억울한 일 당했을 때 엄마랑 아빠한테 얘기해주면 엄마랑 아빠는 엄청 고마울 것 같아. 왜냐하면 진수가 힘들거나 슬프면 엄마 아빠도 너무 슬프거든. 너 아빠 힘 엄청 센 거 알지? 아마 진수 친구들 아빠 중에서 아빠가 힘 제일 셀걸. 그리고 할머니도 진수 편이고, 할아버지도, 이모도, 민수도, 채윤이도, 삼촌도 다 진수 편이잖아. 진수는 가족도 엄청 많잖아. 그러니까 진수한테 무슨 일 있으면 아마 가족들이 다 혼내줄걸. 우와 진수는 진짜 좋겠다, 그치?"

"응."

쇼윈도를 통해 아이가 씩 웃으며 대답하는 모습을 보았다. 그러면서 조금씩 기분이 풀렸는지 아빠 키는 다 큰 거냐, 자기도 아빠만큼 클 수 있는 거냐 등 두서없는 말들을 쏟아내기 시작했다. 유치원에 도착했을 때 아이는 평소와 같은 모습으로 즐겁게 유치원으로 뛰어 들어갔다. 아이의 뒷모습을 보며 참았던 눈물이 다시 흘러내렸다.

아이를 등원시킨 후 오전 11시경, 경준이 엄마로부터 두 통의 문자메시지가 와 있는 걸 확인했다. 가슴이 두근거리고 만감이 교차해서 문자를 열어볼 수가 없었다. 가만히 마음을 진정시키고 있는데 전화가 걸려왔다. 전화는 받지 않았다. 문자의 내용은 예상대로였다. 본인이 그렇게까지 화낼 일이 아니었는데 감정적으로 반응한 것이 실수였다며 진심으로 사과한다는 내용이었다. 나는 최대한 감정을 자제하고 당시 아이가 느꼈을 공포심과 억울함을 문자로 전달했다. 그리고 아이에게 직접 사과하고 억울한 마음과 오해를 풀어주길 요구했다.

다음 날, 경준이 엄마는 하교 시간에 맞춰 유치원으로 왔다. 아이를 조용한 곳으로 데려가 눈높이를 맞추며 한동안 얘기를 했다. 돌아온 아이의 표정은 한층 밝아졌다.

"진수야, 경준이 아줌마랑 이야기 잘 했어?"

"응."

"무슨 얘기 했어?"

"몰라 기억 안 나."

"그렇구나, 그럼 얘기하고 나서 진수 기분은 어땠어?"

"어 좋았어. 엄마 나 기분 좋아."

다행이란 생각이 들었다. 아이는 자신이 잘못하지 않았다는 걸 확인받았고, 억울한 마음도 풀어졌을 것이라 생각했다. 이번 일을 겪고 나서 나는 이런 일을 또 겪을 경우를 대비해 나만의 대응 절차가 필요하다는 걸 깨닫게 되었다. 아들 둘을 키우면서 이후에도 이런 상황들을 몇 번 겪었지만, 나만의 대응 절차를 따라서 큰 감정의 동요 없이 상황을 정리할 수 있었다.

이제 막 복직한 김 과장에게

1. 상황을 빠르게 파악하고 아이를 그 상황에서 분리한다.

2. 침착하게 아이를 다독여주고 아이를 안심시킨다.

3. 이성적으로 상황을 판단하고 가능하면 주위에 조언을 구한다.

4. 모든 감정이 진정되었을 때 상대방 엄마와 해결책에 관해서만 이야기한다.

5. 가장 중요한 것은 그 일이 내 아이에게 상처로 남지 않게 하는 것임을 명심한다.

아이의 문제로 아이 친구 엄마와 갈등이 생긴다면 엄마는 엄마 본인의 감정을 배제해야 한다. 그리고 어떻게 하는 것이 아이를 위해 더 나은 결정인가를 이성적으로 판단할 필요가 있다. 그 일이 내 아이에게 상처로 남지 않도록 엄마는 온전히 내 아이에게 집중해야 한다.

06

엄마는 팩을 할 테니,
너는 설거지를 하거라

"어머, 진수야, 이게 다 뭐야?"

중학교 교복을 입고 귀가한 아이의 손에 몇 개의 봉지가 주렁주렁 달려 있었다. 아이는 숨을 몰아쉬며 봉지를 식탁에 올려놓았다. 봉지들이 식탁 위에 한가득 채워졌다. "엄마, 학교 끝나고 준비물 사러 갔다가 시장에서 필요한 것 좀 사왔어요. 양은 냄비는 내가 라면 끓여 먹을 때 쓸 거고, 센베이 과자는 할아버지 간식이에요. 상추는 어떤 할머니가 길거리에서 파시던데 불쌍해서 샀어요. 우리 가족이 다 같이 먹으면 되잖아요." 아이의 표정은 잔뜩 상기되어 있었다. 봉지를 하나하나 열면서 가족들에게 진지한 표정으로 물건들을 설명했다. 모든 물건이 자기 나름대로 구입한 합리적인 이유가 있었다. 아이스크림을 먹기 위한 디저트 유리컵,

동생을 위한 꽈배기, 엉뚱한 반찬통까지…. 가족들은 놀라움에 입을 다물지 못했다. 그리고 우리는 한참을 웃었다.

아이가 어렸을 때부터 나는 집안일에 아이들을 참여시키려고 노력했다. 아이들은 요리에 흥미가 많았다. 그래서 적당한 요리를 아이가 직접 할 수 있게끔 도와주었다. 요리로부터 시작한 집안일은 빨래 개기, 설거지, 재활용 분리수거 그리고 청소로까지 확장되었다. 계란프라이, 미니 핫도그, 토스트, 돈가스, 카레, 계란국, 오므라이스…. 그동안 아이가 완성한 요리들은 다 열거할 수 없을 만큼 많았다. 이렇게 많은 요리를 할 수 있었던 건 당연히 내가 옆에서 도왔기 때문이다. 아이가 요리를 시작하면 나는 아이보다 몇 배는 더 동분서주했다. 기본적인 준비는 내가 다 해줘야 했고 아이가 다치지 않도록 계속 신경을 써야 했다. 모든 일이 안전하게 마무리되고 나면 엉망이 된 부엌과 설거지도 물론 내 몫이었다. 이런 나를 보며 가족들은 아이를 참 힘들게 키운다며 꼭 한마디씩 거들었다.

아이가 아주 어릴 땐 힘이 곱절로 들었다. 요리를 돕는다는 게 생각보다 쉽지 않은 일이었다. 내 아이는 왜 하필 요리하는 걸 좋아할까 싶기도 했다. 하지만 내가 그런 희생을 감수하면서까지 열심히 아이를 집안일에 참여시킨 데는 이유가 있었다. 이미 수많은 연구 결과들이 아이들과 집안일을 함께하는 것이 훌륭한 교육이라는 것을 증명하고 있었기 때문이다. 그리고 언젠가 아이들이 스스로 집안일을 하는 그날을 위한 나만의 투자라고 생각했다. 실제로 어릴 때부터 집안일을 함께 해보니 여러 가지 좋은 점이 많았다. 내가 느꼈던 좋은 점을 몇 가지 정리해보면 다음과 같다.

1. 아이와 애착 관계를 형성할 수 있다.

워킹맘인 나는 항상 시간에 쫓기며 살았다. 특히 아이의 유아기 때는 늘 아등바등하며 살았던 것 같다. 내 할 일을 다 해놓고 아이와 놀아주려면 항상 시간이 부족했다. 그래서 퇴근 후 저녁을 먹거나 청소를 하는 시간에 아이와의 애착 관계를 형성해야 했다. 나는 내가 하는 일에 아이를 참여시켰다. 아이를 안거나 의자 위에 앉혀놓고 가까이서 내가 하는 것을 볼 수 있게 했다. 그리고 햄이나 야채 등 각종 식자재를 놀이처럼 썰게 했다. 이런 과정에서 아이와 많은 대화를 나눌 수 있었다. 아이는 그 자체가 엄마와 하는 놀이였기 때문에 즐거워했다. 나도 아이와 함께 시간을 보내는 게 즐거웠다. 나는 아이에게 요리는 엄마와만 함께할 수 있는 거라고 인지시켰다. 그렇지 않으면 다른 가족들이 그 뒷일을 감당할 수 없기 때문이었다. 그래서 아이는 항상 엄마를 기다렸다. 엄마와 애착 관계가 잘 형성된 아이는 스스로 뒷정리 및 설거지까지 함께 해나갔다.

2. 아이가 매일 작은 성취감을 느낄 수 있다.

하버드대학 의대 조지 베일런트George Vaillant 교수는 1981년부터 11세에서 16세의 아동 456명을 35년 동안 추적 조사한 결과, 성인이 되어 성공한 삶을 사는 사람들의 공통점이 바로 어린 시절 경험한 집안일이었다고 한다.6 집안일이 성공한 삶의 밑거름이 된 것이다. 나는 이것이 아이가 경험한 성취감의 결과라고 생각한다. 공부와 달리 집안일은 짧은 시간을 투자해서 매일매일 작은 성취감을 느낄 수 있다. 그래서 나는 청소를 하면 용돈을 벌 수 있는 시스템을 만들었다. 빨래 개기와 설거지는 1,000원, 화장실 청소와 재활용 분리수거는 2,000원, 이런 식이었다. 그리고 집안일을 다 하면 하루에 최대 4,000원까지 벌 수 있게 했다. 아이들은 매일매일 느끼는 성취감뿐 아니라 용돈 벌이로 노동의 가치도 알게 되었다. 이렇게 반복적으로 집안일을 하다 보니 아이들마다 잘하는 분야가 나뉘게 되었다. 큰아이는 재활용 분리수거의 전문가가, 둘째 아이는 화장실 청소의 달인이 되었다. 좋아하는 일을 계속하다 보니 실력이 크게 향상된 것이다. 둘째 아이는 화장실 청소를 할 때 아예 수영복으로 갈아입고 시작했다. 수영복을 들고 이모네 집에 출장 청소를 하러 간 적도 있었다. 그날은 출장비로 5,000원을 받고 한껏 신이 났다.

3. 가족 구성원으로서 소속감과 책임감을 느낄 수 있다.

미네소타대학의 마티 로스만Marty Rossmann 교수는 84명의 어린 이 성장 과정을 추적해 분석한 결과, 3~4세 때부터 집안일을 경험한 아이들의 경우 10대 때 처음 집안일을 경험한 아이들보다 자립심과 책임감이 눈에 띄게 높게 나타났다고 발표했다.[7] 다시 말해, 어렸을 때부터 집안일 하는 습관을 들이는 것이 중요하다. 하지만 3~4세 때부터 집안일을 함께하는 게 솔직히 쉽지는 않다. 그 시기의 아이는 모든 게 서툴기 때문이다. 부모는 아이가 해내는 것을 기다려줄 수 있는 엄청난 인내심이 있어야 한다. 그래서 아이 나이에 맞는 작은 집안일부터 맡겨야 한다. 집안일을 함께하는 아이는 본인도 가족 구성원이라는 소속감을 느끼게 된다. 그리고 자라면서 점차 책임감이 커지고, 서툴렀던 집안일도 점점 익숙해지게 된다. 언젠가 작은아이는 나를 위해 도시락을 싸 주기도 했다. 내가 수험생이던 시절 늦은 시간에 귀가하면 다섯 개의 계란프라이와 다섯 잔의 커피가 식탁에 놓여 있었다. 작은아이의 선물이었다. 김장을 하거나 명절 같은 집안의 큰 행사가 있으면 아이들은 스스로 자기 역할을 찾는다. 본능적으로 함께해야 한다는 책임감을 느끼는 것이다. 설령 실제로 돕지 못하더라도 그 미안한 마음을 꼭 표현한다.

이제 막 복직한 김 과장에게

4. 엄마의 시간이 많아진다.

내가 애쓰며 투자한 시간은 내게 자유라는 달콤한 결과를 안겨준다. 어느 순간 아이들이 각자 알아서 집안일을 하는 순간이 오기 때문이다. 큰아이는 6학년이 되면서 직접 고기를 구워 먹기 시작했다. 정육점에 가서 먹고 싶은 고기를 직접 사 오기도 한다. 작은아이는 아침마다 본인 빨래를 빨래 건조대에서 직접 건는다. 주말 아침엔 먹고 싶은 음식을 아이들이 각자 해 먹기도 한다. 큰아이는 한동안 오므라이스를 소스까지 만들어서 해 먹었다. 그때 옆에서 작은아이는 토스트를 해 먹었다. "엄마도 토스트 같이 드실래요?" 토스트 만드는 데 자신감이 생기자 아이는 나에게도 함께 먹자고 권유했다. 나는 흔쾌히 좋다고 대답했다. 그날은 아이가 준비해준 토스트와 커피로 맛있게 아침을 먹었다. 어느 날, 퇴근하고 집에 와 보니 유독 설거지가 많이 쌓여 있었다. 내가 설거짓거리가 많다며 힘든 표정을 지었더니 아이가 돕겠다고 했다. 그러더니 이내 자기가 혼자 할 수 있다며 팔소매를 걷어붙였다. 나는 칼이나 가위 같은 위험한 도구를 치워주고 식탁에 앉았다. 그냥 앉아 있기가 심심해서 얼굴에 마스크팩을 하나 붙이고 있었다. 그때 남편이 지나가면서 황당하다는 듯 웃었다. "애한테 설거지를 시키고 엄마는 앉아서 팩을 하고 있는 거야? 이거 완전 아동노동 착취의 현장이네."

아이가 어렸을 때부터 집안일을 놀이처럼 접할 수 있는 환경을 만들어주자. 부모의 울타리 안에서 아이는 다양한 집안일을 경험해볼 수 있다. 집안일을 함께함으로써 아이도 가족 구성원의 한 사람이라는 소속감을 느낄 수 있다. 소속감을 느낀 아이는 책임감을 느끼게 된다. 그렇게 책임감을 가진 아이가 성장하면, 하나의 독립된 인격체로서 제 몫의 집안일을 해내는 날이 온다. 물리적으로 시간이 부족한 워킹맘일수록 순간의 편안함보다 미래를 생각해보자. 아이가 어릴 땐 엄마가 혼자 집안일을 하는 것이 편할 수 있다. 하지만 아이가 성장한 후, 엄마 없이 자연스럽게 집안일이 돌아가는 미래를 상상해보자. 워킹맘에게 그보다 더 값진 투자는 없을 것이다.

07

자기 주도성을 높이는
내 아이와의 여행법

엄마와 아이 둘만의 여행

'독립적인 아이, 자율적인 아이, 자존감 높은 아이, 자기 주도적인 아이로 키우려면 어떻게 해야 할까?' 이 질문은 오은영 박사가 부모님들과 상담할 때 가장 많이 받는 질문이라고 한다. 특히 '자기 주도 학습'이 중요하다는 인식이 확산되면서 '자기 주도적인 아이로 키우는 법'에 대한 질문이 급증했다는 것이다. 나도 개인적으로 너무 하고 싶었던 질문이었다. 어떻게 하면 아이를 자기 주도적인 아이로 키울 수 있는 건지 궁금했다. 아이가 초등학교에 입학하는 시기가 되면 '자기 주도 학습'이란 단어를 많이 접하게 된다. 아이가 정해진 시간에 맞춰 스스로 할 일을 하는 것, 내가 생각한 '자기 주도적인 아이'는 이런 정도였다. '자기 주도성'이라는 말의 본질적인 의미를 깊게 생각해보지 않았던 것이다.

"자기 주도성을 키우는 것은 아이 스스로가 자기 자신을 돕도록 부모는 아이를 돕는 겁니다."8 오은영 박사는 유튜브 채널 〈오은영의 버킷리스트〉에서 이렇게 말했다. 오 박사는 어색함, 긴장감, 불안과 두려움, 좌절감 등 아이가 느끼는 이 모든 감정을 부모가 해결해주는 것이 아니라 도와주어야 한다고 했다. 이렇게 표현하니 자기 주도성이 무슨 뜻인지는 얼핏 알 것만 같았다. 하지만 '아, 이거구나!' 하고 명확하게 이해가 되지는 않았다. 그렇게 나는 자기 주도적인 아이가 어떤 아이인지도 모른 채 학부모가되었다. 학부모가 되니 마음은 조급했지만, 그렇다고 아이를 위해이렇다 할 무언가를 한 건 아니었다. 아이들은 평범하게 학교를다니고, 필요한 학원에 다니며 그렇게 일상생활을 했다. 그런데어느 순간부터 사람들과 대화를 나누다 보면 사람들의 반응이 한결같았다.

"그 집 아이들은 스스로 할 일을 잘하는 것 같아요."

"아이들을 어떻게 그렇게 독립적으로 키우셨어요?"

"아이들이 자기 주도적인 성향이 강한 것 같아요."

이런 말을 처음 들었을 땐 그냥 예의상 하는 말이겠지 하고 생각했다. 사실 우리 아이들이 다른 아이들과 크게 다르다는 걸 느끼지 못했기 때문이다. 그런데 같은 이야기를 계속 듣다 보니 '정말 그런가?'라는 생각을 하게 되었다. 그리고 시간이 지나면서 나는 우리 아이들이 자기 주도적인 면에서 조금 남다르다는 걸 깨닫게 되었다. '그 원인이 뭘까?' 찾다 보니, 떠오른 것 중 하나가 '엄마와 아이 둘만의 여행'이었다.

20대에 난 배낭여행을 정말 좋아했다. 한때는 여행작가가 되고 싶었을 만큼 배낭여행의 매력에 빠져 지냈다. 한번은 50일 동안 혼자 브라질로 배낭여행을 간 적이 있었다. 흥미로운 남미 문화와 오지 탐험에 대한 호기심이 나를 그곳으로 이끌었다. 아마존 정글 투어에서 원주민들의 삶을 직접 관찰한 것은 기억에 남는 경험이었다. 그리고 4박 5일 동안 배를 타고 아마존강을 횡단하기도 했는데, 상상을 초월하는 대자연의 위대함과 매 순간 바뀌는 아마존강의 모습은 경이로움 그 자체였다. 여행을 통해 잠자던 나의 세포들이 하나하나 깨어나는 듯했고, 그러한 새로운 경험은 세상을 바라보는 나의 시각을 완전히 바꾸었다. 한 번 그리고 또 한 번, 여행을 다닐 때마다 삶을 대하는 나의 태도가 달라지는 듯했다. 나에게 여행이란, 그 무엇보다 내가 아이에게 꼭 물려주고 싶은 유산과도 같은 것이었다.

큰아이가 어렸을 때 나는 아이와 함께 갈 여행지로 해외만을 생각했다. 가족들과 미국에도 가고, 아이와 단둘이 열흘 동안 일본 여행도 다녀왔다. 그런데 막상 아이와 단둘이 해외여행을 다녀와 보니 기대만큼 만족스럽지 않았다. 당시 아이가 여섯 살이라 어리기도 했지만, 여행 과정에 불필요한 돈과 에너지가 너무 많이 낭비되었고, 정작 아이와 함께하는 시간을 온전히 즐기기가 어려웠다. 그래서 국내 여행으로 방향을 바꾸었다. 나는 스스로 외국인이 되어 한국에 배낭여행을 왔다고 생각하기로 했다. 나에게 배낭여행만큼 익숙한 곳이 게스트 하우스였기에 우리의 첫 국내 여행지는 이태원에 위치한 게스트 하우스였다. 국내 여행의 선택지는 너무나 다양했다. 해외여행처럼 큰돈을 들이지 않고도 많은 것을 경험할 수 있었다. 아이와 전철을 타고 이태원 게스트 하우스에서 '도미토리'로 1박을 묵었다. 2014년 7월 당시 도미토리 1박 요금은 23,000원이었다. 우리는 수차례 이태원 게스트 하우스를 이용했다. 그 후에는 인사동에 있는 1박에 50,000원인 2인실 게스트 하우스를 발견하기도 했고, 또 한 번은 종로에 위치한 게스트 하우스에서 도미토리 가격을 지불하고 2인실을 사용하는 즐거움을 맛보기도 했다.

그렇게 아이는 여행과 함께 성장했다. 나의 주도로 시작되었던 여행은 점점 아이가 주도하는 여행으로 변해갔다. 처음엔 먹고 싶은 것을 고르고 하고 싶은 것을 선택하는 정도의 수준이었다. 그러다 가고 싶은 장소를 이야기하고, 본인이 생각하는 여행 콘셉트를 제안하기도 했다. 아이 스스로 짐을 싸는 것은 물론이고, 여행 계획도 점점 구체적으로 세우게 되었다. 막연하게 생각하던 것들이 현실화되자 아이의 상상력은 점점 풍부해졌다.

둘만의 여행에 필요한 몇 가지 것들

민수와 엄마의 여행 계획

1. 짐을 싸놓고 학교에 간다.

2. 엄마가 2시 50분에 학교 앞으로 데리러 온다.

3. 집에 가서 내 짐 챙기고 바로 출발.

4. 학교 가방은 집에다 놓고 가기.

여행을 가기로 약속한 날 아이 책상에 붙어 있는 메모를 발견하고 웃음이 났다. 내가 금요일 오후 반차를 내고 둘째와 2박으로 여행을 가기로 한 날이었다. 아이와 함께 며칠에 걸쳐 고민한 끝에 겨우 여행 계획을 완성할 수 있었다. 아이는 초등학교 4학년의 삐뚤빼뚤한 글씨로 정성스럽게 계획을 써서 책상에 붙여두었다. 책상 옆에는 여행용 가방이 세워져 있었다. 그 가방에 뭐가 들었는지는 나도 알 수 없었다. 네 살 정도부터 아이는 혼자 여행 가방을 챙겼다. 내가 잘 챙겼는지 체크라도 할라치면 난리가 났다. 그래서 한동안은 아이가 잠들길 기다렸다가 몰래 가방을 열어 부족한 걸 채워주곤 했다. 그렇게 노파심에 몇 번 가방을 몰래 확인하다가 그만두게 되었다. 내가 귀찮았기 때문이다. '에라 모르겠다. 알아서 잘 챙겼겠지. 없으면 없는 대로 대충 다니면 되지 뭐.' 그랬더니 여행에 대한 나의 만족도가 더 높아지게 되었다. 내 가방 챙기는 것도 귀찮은데 아이 가방까지 챙기는 건 내 성격에도 맞지 않았다. 실제로 아이는 여행을 다니면서 미처 챙기지 못한 물건들로 불편함을 겪었다. 내복이 부족한 적도 있었고, 핸드폰 충전기를 안 가져온 적도 있었다. 그럴 때마다 투덜거리긴 했지만, 누구의 탓도 할 수 없었다. 온전히 본인의 책임이었다. 오은영 박사는 『어떻게 말해줘야 할까』에서 이렇게 말했다.

> 자신이 배운 것을 자신이 스스로 생각해서, 자신이 결정해서, 자신이 행해야 해요. 즉 배우고 행하는 주체가 아이 자신이 되어야 합니다. 이 과정은 아이의 자기 주도성을 키우는 데 굉장히 중요해요. 9

엄마와 떠나는 둘만의 여행을 통해 아이는 스스로 배우고 행하는 주체가 될 수 있다. 이렇게 자기 주도성이 높아진 아이는 자기 주도적인 태도로 삶을 살아가게 된다. 스스로 준비물을 챙기고 필요한 학원을 선택한다. 내가 아이와 여행하면서 실천하는 방법들은 다음과 같다. 다음과 같은 방법으로 아이와 둘만의 여행을 떠나보자.

1. 여행은 아이와 함께 계획한다.
여행은 아이가 원하는 방향으로 계획하는 것이 좋다. 여러 콘

셉트를 고려해서 결정할 수 있다. 원하는 장소가 있을 수 있고, 원하는 숙소가 있을 수도 있다. 우리는 한적한 바닷가 옆에 차를 세워두고 하루 종일 차 안에 있던 적이 있었다. 그때 아이가 제안했던 여행은 '하루 종일 차에서 생활해보기'였다.

2. 여행 준비는 아이 스스로 하게 한다.

아이가 어렸을 때부터 여행 가방은 스스로 챙길 수 있게 기다려준다. 백 번 잔소리하는 것보다 직접 시행착오를 겪게 하는 게 더 현명한 방법이다. 여행 준비를 스스로 하는 아이는 책가방도 준비물도 스스로 챙기게 된다. 그리고 여행을 준비하는 것부터가 여행의 시작이다. 아이의 설렘을 뺏지 말자.

3. 상상이 현실화되게 한다.

아이가 상상하는 일을 현실화되게 해주자. 생각하는 일이 현실화되면 아이는 자꾸 상상하게 된다. 아이의 상상력이 커지면 여행의 주도권은 아이에게 넘어간다. 아이가 원하는 걸 들어주기 곤란한 경우도 있다. 그럴 경우에는 일단 "그럴까?" 하고 아이의 의견을 받아준 뒤 "근데 엄마가 생각하기에는…" 하는 방식으로 엄마의 의견을 말한다. 그러면 아이는 본인의 의견이 받아들여진다는 생각에 계속해서 상상력을 펼치게 된다.

4. 여행을 다녀온 후 여행일기를 공유한다.

나는 여행을 다녀오면 아이와 각자 여행일기를 작성해서 교환했다. 학교 체험학습 신청 후 결과 보고서를 작성하다가 거기서 팁을 얻었다. 학교에 제출하지 않아도 그 양식을 사용해서 여행의 추억을 글로 남겨봤다. 나는 최대한 정성을 들여 세세한 부분까지 전부 기록하려고 노력했다. 아이는 본인의 경험이 담겨 있는 나의 여행일기를 집중해서 읽어봤다. 그리고 소중히 간직했다. 나도 역시 아이가 쓴 글을 보면서 깨달았다. '아, 아이가 이런 생각을 했구나….'

최근 중학생이 된 큰아이가 부산에 가보고 싶다고 말했다. 부산 해운대 바닷가에 가보고 싶은 모양이다. 우리는 기차를 타고 둘만의 부산 여행을 떠나기로 했다. 나는 사춘기에 접어든 아이의 연령대에 맞는 새로운 방식의 여행을 계획 중에 있다. 이런 식으로 엄마와 아이 둘만의 여행을 통해 내 아이의 자기 주도성을 높여보는 건 어떨까. 바쁜 워킹맘이라면 주말을 이용해도 충분하다. 언젠가 세상을 혼자 헤쳐나가야 할 아이에게 '여행'은 엄마가 줄 수 있는 최고의 선물이다.

08

내 아이 사춘기에
대처하는 자세

"아까는 엄마가 좀 오버한 거 같아…"

"아이가 이제 사춘기 아니에요?"

최근 들어 내가 가장 많이 듣는 질문은 아이의 사춘기에 대한 주제다. 사람들은 형식적으로, 그냥 궁금해서, 정말 걱정해서 등의 여러 이유로 이런 질문을 한다. 나 역시도 같은 마음으로 사춘기 아이를 둔 부모들에게 그런 질문을 한다. 그만큼 부모들에게 아이의 사춘기는 뜨거운 감자다. 누구나 겪고 그게 누구든 그 사람을 유독 도드라져 보이게 하는 사춘기…. 아이도 어른도 아닌, 한 사람이 아이의 틀을 벗고 어른으로 성장해가는 '변화'의 시기. 변화가 큰 시기인 만큼, 심한 경우에는 부모가 감당하기 버거울 때도 많다. 말 그대로 아이는 방문을 들어갈 때와 나올 때가 달라진다. 그러다 보니 하루 종일 아이와 있다 보면 당황스러운 경우가 한두 번이 아니다.

나는 개인적으로 남보다 조금 힘든 사춘기를 겪었다. 언제부터인지 모르게 그냥 화가 났고 짜증이 솟구쳤다. 사춘기 시절 나는 사회에 대한 불만이 가득한 언제 터질지 모르는 시한폭탄 같은 존재였다. 사춘기는 원래 그런 거지, 그 시기에 애들이 원래 그래, 하며 누군가는 당연하다는 듯 말한다. 하지만 원래 그런 게 아니고, 아무런 이유가 없는 게 아니다. 사춘기라도 아이들의 모든 말과 행동엔 나름의 이유가 있다. 나는 사춘기 시절 내가 느꼈던 감정의 원인이 궁금했다. 그때 왜 화가 났을까? 누구에게 화가 났던 걸까? 사춘기 시절 아이들은 모두가 그런 걸까? 어디에도 물어볼 수 없었던 이런 의문들 때문에 나는 책을 읽기 시작했다. 『10대 놀라운 뇌 불안한 뇌 아픈 뇌』의 저자 김붕년 서울대병원 소아청소년정신과 교수는 《조선일보》와의 인터뷰에서 다음과 같이 말했다.

> 사춘기 청소년들이 문제 행동을 일으키는 원인은 청소년 이전 시기에 있다. 어렸을 때부터 부모와의 애착이 불안정했거나 초등학생 때 적절한 훈육이나 자기통제를 경험하지 못했을 경우 사춘기에 정서적으로 더욱 큰 어려움을 겪을 수 있다. [10]

사춘기 아이의 문제 행동 원인은 대부분 아이가 자라온 성장 과정에 있다는 것이다. 즉, 어느 날 갑작스레 찾아오는 게 아니라 아동기까지 모인 경험의 결산이 사춘기 때 이루어진다고 할 수 있다. 그리고 아이가 평온한 사춘기를 보낼 수 있는 방법은 부모와 형성되어 있는 건강한 애착 관계를 통해서다. 물론 아이의 타고난 기질에 따라 개인차는 존재한다. 이런 깨달음은 나의 모든 육아 철학의 밑거름이 되었다. 아이가 태어난 순간부터 나는 이 모든 과정의 끝엔 아이의 사춘기가 있다고 생각했다. 그렇기 때문에 아이가 아무리 어려도 아이의 뜻을 함부로 꺾지 않았다. 그리고 억울함을 느끼는 부분은 꼭 풀어주려고 노력했다. 나는 아이의 감정이 사춘기 때 한꺼번에 결산되지 않도록 자라는 과정에서 중간중간 정산해주려고 노력했다.

나는 나름 장기적인 계획을 갖고 아이의 사춘기를 준비해왔다는 자신감이 있었다. 마음의 준비도 어느 정도 되어 있다고 생각했다. 사춘기 아이를 대하는 말과 행동도 나름대로 신경 썼다. 그런데도 조금씩 예민해지고 신경질적인 반응을 보이는 아이를 마냥 이해하고 감싸주긴 힘들었다. 그러던 어느 주말 아침이었다.

"진수야, 아침 먹어야지."

"오늘은 아침 안 먹을게요."

"아침을 왜 안 먹어. 조금이라도 먹어."

"아이씨, 안 먹는다고요."

이제 막 복직한 김 과장에게

"아이씨? 밥 먹는 게 무슨 벼슬이라고 큰소리야. 빨리 밥 먹어!"

"안 먹는다고요! 아이씨, 왜 먹기 싫은 밥을 억지로 먹어야 하는 건데!"

순식간에 일어난 일이었다. 나는 분명 다정한 목소리로 말을 시작했다. '뭐가 잘못된 거지?' 아이는 분노 가득한 얼굴로 날 쳐다보며 목청껏 소리를 질러댔다. 내 아들이 맞나 싶을 만큼 낯설었다. 그대로 황급히 방문을 닫고 뒤돌아 나왔다. 눈물이 핑 돌았다. 평소에 우습게 생각했던 말이 저절로 튀어나왔다. "내가 널 어떻게 키웠는데…" 심호흡을 여러 번 하고 나니 마음이 조금 가라앉았다. 어떻게 하면 좋을지 차분히 생각해보았다. 처음 겪는 일이지만 그동안 많이 상상해본 상황이 아니었던가. 마음을 가라앉히고 생각을 정리해보니 대처 방법이 떠올랐다. 내가 배운 내용을 써볼 좋은 기회라고 생각했다. 나는 쟁반에 정성스럽게 밥을 준비했다. 밥과 국 그리고 반찬과 물까지 쟁반에 담았다. 쟁반을 들고 숨을 크게 들이쉰 후 웃으며 아이 방으로 들어갔다. 아이는 어둑한 방에서 아이팟을 귀에 꽂은 채 회전의자를 빙빙 돌리고 있었다. 그런 행동도 못마땅했지만, 모른 척했다.

"진수야, 엄마가 아까는 좀 오버한 것 같아. 그렇지? 밥을 먹기 싫으면 안 먹을 수도 있는 거잖아. 근데 엄마는 아침을 안 먹으면 왠지 걱정되더라고. 여기 밥 두고 나갈 테니까 먹고 싶은 만큼만 먹어. 먹기 싫으면 먹지 말고. 알겠지?"

나는 그 순간 아이에게 확실한 메시지를 전달하고 싶었다. '엄마는 너의 적이 아니란다. 너의 동지야. 그러니까 엄마를 경계할 필요 없어. 엄마는 네 편이야.' 쟁반을 책상에 두고 뒤돌아 나오는데 아이와 눈이 마주쳤다. 당황해서 어쩔 줄 모르는 표정으로 나에게 뭔가 이야기를 하려다 마는 듯했다. 그때 아이의 속마음이 내 귀에 들리는 것 같았다. '엄마 제가 그러려고 했던 게 아니었는데… 죄송해요.' 나는 아무 일도 없었다는 듯 웃으며 방을 나왔다. 그리고 거실에서 내 할 일을 하고 있었다. 한참 후에 아이가 쟁반을 들고나왔다. 모든 그릇은 깨끗이 비어 있었다. "엄마 맛있게 잘 먹었어요. 감사합니다. 그리고 아까는 죄송했어요."

엄마와 아이는 적이 아닌 동지가 되어야 한다

박미자 교육학 박사는 저서 『사춘기, 기적을 부르는 대화법』에서 이렇게 말한다. "사춘기 청소년이 강한 감정을 보일 때는 더 강한 감정 표현으로 대응하면 안 됩니다. 사람은 누구나 공포와 불안감을 느낄 때 자기 안에 갇히게 되기 때문에 충돌하면 상처를 받게 됩니다."11 나는 거칠게 행동하는 아이와 대결하는 대신 내 흥분이 진정될 수 있는 시간을 가졌다. 조금씩 마음이 가라앉기 시작하니 불안으로 흔들리던 아이의 눈빛이 생각났다. 그 상황에서 아이도 불안하고 불편했을 것이란 생각이 뒤늦게 들었다. 만약 내가 아이의 적대적인 행동에만 초점을 맞췄다면, 아이의 행동 뒤에 있는 진짜 감정은 보지 못했을 것이다. 신기하게도 그 일이 있고 난 후 아이는 많이 달라졌다. 조금 더 심리적으로 안정되어 보였고, 나에게 호의적인 태도를 보여줬다. 엄마는 자기를 이해해주는 사람이라고 생각하는 것 같았다. 그리고 문득문득 감정이 격해졌다가도 스스로 감정을 추스르는 모습을 보여줬다.

심리학자 에릭 에릭슨Erik Erikson은 인생에서 주요한 심리적 과업은 '자아 정체성' 찾기이고, 그 결정적 시기가 사춘기와 중년기라고 말했다. 사춘기 아이만큼 중년기인 엄마도 자신의 인생에 대해 몸살을 앓고 있다는 의미다. 나는 실제로 중년기가 되면서 나의 정체성에 대해 진지하게 고민하기 시작했다. '나는 누구인가?' '그동안 내가 살아온 삶은 어떠했나?' '앞으로 어떤 삶을 살 것인가?' 하는 나의 문제를 고민하기에도 하루가 벅차다. 그러다 보니 아이와 하루 종일 집에 있어도 아이에게 간섭할 기력이 없다. 하지만 내 일에 집중하다 보니 자연스럽게 아이를 한 걸음 떨어져서 지켜볼 수 있게 되었다. 아이가 도움을 요청하는 경우에만 도와주고 아니면 본인의 할 일을 하도록 간섭하지 않는다. 어떤 때는 아이가 나를 하도 불러대서 노트북을 들고 도서관으로 도망가기도 한다. 아이러니하게도 내가 바빠지면 바빠질수록 사춘기 아들과의 관계는 더욱 좋아지는 것 같다. 하지만 내가 아무리 바빠도 사춘기 아이에게 꼭 챙겨주려고 노력하는 게 있다. 그건 용돈과 간식이다. 사실 이 두 가지 주제를 빼면 아이와 하는 대화가 얼마나 되겠나 싶다. 아이가 다급하게 나에게 전화를 할 때는 용돈이 필요할 때다. 그리고 집에서 엄마를 하염없이 부를 땐 배가 고플 때다. 그래서 난 아이와 소통의 끈을 놓지 않기 위해 열심히 용돈과 간식을 제공하고 있다.

아이의 헤어스타일이 볼썽사나울 정도로 길었던 때가 있었다. 원래 머리숱이 많은 데다 머리카락까지 길게 자라서 보는 사람이 답답하게 느껴질 정도였다. 그런 아이를 보며 어느 날 남편이 머리카락을 좀 잘라야겠다는 얘기를 했다. 그렇게 말한 거까지는 좋았는데, 그날부터 몇 날 며칠을 아침저녁으로 아이에게 잔소리를 했다. 아이가 눈에 띌 때마다 머리카락 이야기를 하는 것이었다. 어느 순간 그 얘기를 듣던 내가 버럭 화를 냈다.

"아유, 한 번 얘기했으면 애가 알아서 하게 좀 놔둬. 아니 학교 규정상 문제가 없고 본인도 불편하지 않다는데 도대체 왜 계속 애를 닦달하는 거야!"

남편은 황당하다는 듯 날 쳐다보더니 그 후로는 더 이상 그런 말을 하지 않았다. 그런데 며칠 후 주말 아침, 아이가 나에게 쓱 다가오더니 미용실을 좀 다녀와야겠다고 돈을 달라고 했다. 그러더니 한층 시원해진 헤어스타일로 돌아왔다.

엄마와 아이는 적이 아닌 동지가 되어야 한다. 엄마는 아이가 어른으로 변해가는 과정을 함께 고민하고 성장하는 동반자가 되어야 한다. 아이를 동반자로 대하려면 엄마 스스로 아이와의 관계를 다시 정립해야 한다. 사랑을 주고 함께 놀아주던 유아기 시절의 엄마에서 벗어나야 한다. 워킹맘인 나는 지금부터가 진짜 나 자신이 성장할 기회라고 생각한다. 사춘기 내 아이가 변해가는 모습보다 나의 삶, 나의 성장에 집중할 것이다. 그리고 아이와는 별개로, 부모인 나 스스로의 삶을 행복하고 의미 있게 만들어 갈 것이다. 그러다 보면 어느 날 멋진 남자로 성장한 내 아들이 든든한 동반자로 내 곁에 서 있지 않을까. 그렇게 될 것이라고 나는 기대한다.

09
토요일 저녁 8시,
우리 가족회의 시간

첫 번째 가족회의 시간입니다

"아무래도 일주일에 한 번은 가족이 다 같이 모이는 시간을 가져야 할 것 같아!"

큰아이가 중학교에 들어가고 나니 네 식구가 함께 모이는 시간을 갖기가 힘들었다. 집이라는 한 공간에 모두 함께 있어도 각자가 하는 일이 달랐기 때문이다. 그래서 나는 언젠가 책에서 보았던 가족회의를 떠올리며 만남의 시간을 갖자고 제안했다. 솔직히 대단한 교육적 의미를 두고 시작한 가족회의는 아니었다. 맞벌이 가정이다 보니 절대적으로 의사소통의 시간이 필요하다고 느꼈기 때문이다. 그리고 그 무렵 문득 이런 생각이 들었다. '내가 최근에 큰아이 얼굴을 마주 본 적이 있었나?' 방에 들어가면 책상

이제 막 복직한 김 과장에게

에 앉아 있는 뒷모습, 핸드폰 하는 옆모습, 내 옆을 스쳐 지나가는 모습만 떠올랐다. 같이 밥 먹는 시간에 대화를 나눌 수도 있겠지만, 나는 평일에는 일 때문에 아이들과 같이 밥을 먹을 수가 없다. 주말에도 우리 가족은 엄마가 차려주는 밥상에 모여 앉는 경우보다 각자 먹고 싶은 걸 해 먹는 경우가 많다. 그러다 보니 다 같이 집에 있어도 얼굴을 마주하기가 어려웠다.

다행히 남편은 내 제안을 흔쾌히 받아들였다. 우리는 다 같이 모이는 적당한 시간대를 찾다가 토요일 저녁 8시로 결정했다. 대단한 목적이 있는 건 아니었지만 막상 시간을 정하고 나니 조금 설레기 시작했다. 이왕 시작하는 거 모두에게 의미 있는 시간이 되면 좋겠단 생각이 들었다. 남편과 나는 아이들에게 선택의 여지가 없음을 알리고 시간을 통보했다. 둘째는 어려서 그런지 신나 했는데, 중학생인 큰아이는 여간 볼멘소리를 하는 게 아니었다.

드디어 첫 번째 가족회의 시간이 다가왔다. 나는 아이들이 성인이 된 후에 우리가 했던 가족회의를 좋은 추억으로 떠올리면 좋겠다고 생각했다. 즐거운 회의를 위해 회의 때 함께 먹을 만한 간식도 고민했다. 그런데 가족회의가 매주 진행된다면 매번 다른 간식을 준비하는 게 버거울 것 같았다. 입이 떡 벌어질 만한 한 번의 간식보다 소소하게나마 매주 빠짐없이 준비할 수 있는 게 나을 것 같았다. 그러다 바나나우유를 떠올렸다. 바나나를 푹 익혀서 냉동실에 넣어두고 우유만 넣어서 갈아버리면 끝나기 때문이었다.

"여러분, 우리 가족회의 첫 번째 시간이네요. 모두 참여해주셔서 감사합니다. 아빠부터 한 말씀 하세요."

"음… 민수는 숙제 미루지 말고 제때에 하고, 진수는 방 청소 똑바로 해."

헉! 순간 정적이 흘렀다. 전혀 예상치 못했던 남편의 발언이었다. 남편과 미리 가족회의에서 무슨 얘기를 할지 상의했어야 했나? 가족회의를 애들 모아놓고 훈계하는 시간이라고 생각했는지 남편은 대뜸 잔소리를 하기 시작했다. 나는 겸연쩍게 웃으며 대충 얼버무렸고 애들은 말없이 바나나우유만 홀짝홀짝 마셨다. 그렇게 당황스럽고 어색하게 별 소득 없이 첫 번째 가족회의가 끝이 났다. 가족회의가 끝나고 남편한테 조심스럽게 내 의견을 이야기했다.

"우리가 매주 모이는 게 애들한테 잔소리하려고 하는 건 아니잖아. 다 같이 모여서 서로 고마운 거 얘기하고 잘한 일 한 번 더 칭찬해주면 좋을 것 같지 않아? 얼굴 맞대고 음료수 마시면서 서로 편하게 함께하는 시간을 갖자는 건데…."

"아니, 그게 무슨 가족회의야. 가족회의면 잘한 건 칭찬하고, 못한 건 잔소리해야지. 괜히 모여서 서로 칭찬만 할 거면 회의를 뭐하러 해. 그럼 난 안 해."

이게 남자와 여자의 차이인지, 그저 생각의 차이인지는 모르겠다. 나는 남편이 늘 아이들과 친구처럼 지내는 자상한 아빠라고 생각했다. 그런데 유독 가족회의에 대한 생각은 구시대적이었다. 순간 뒷골이 당겼다. '대단한 회의를 하자는 게 아닙니다, 아버님. 그냥 얼굴 맞대고 음료수나 한잔하면서 즐거운 추억이나 만들어 보자는 거거든요. 평소에 듣던 잔소리 한 번 더 듣는 자리에 당신 같으면 참여하고 싶겠어!'라는 말이 목까지 차올랐지만 꿀꺽 삼켰다. 그러다 남편이 진짜 안 하겠다고 하면 가족회의 자체가 무산되기 때문이었다. 나는 일단 남편의 말도 일리가 있다고 어색하게 웃으며 대화를 마무리했다. 그러면서 슬쩍 이왕이면 칭찬하고 서로 고마워하는 얘기를 더 많이 하자고 제안했다.

우리 집 가족회의는 이렇게 한다

그렇게 미비하게 시작된 가족회의는 회를 거듭할수록 시행착오를 겪으며 우리만의 방식으로 의미 있는 시간이 되어가고 있다. 처음엔 일단 모이는 게 목적이었다. 모이고 나니 서로 무슨 말이든 하게 되었다. 처음엔 어색하게 한두 마디 하다가 지금은 좀 더 많은 이야기를 나누고 있다. 이런 우리 집 가족회의가 그동안 어떻게 진행되어왔는지 소개해보고자 한다.

1. 일단 시간을 정해 모인다.

다 같이 모일 수 있는 시간을 찾아본다. 평일이든 주말이든 상관없다. 처음엔 5분이면 충분하다. 우리 가족은 토요일 8시로 정해놓고 유동적으로 운영하고 있다. 주로 큰아이의 일정에 영향을 받는다. 처음엔 친구들과 놀다가 8시를 넘는 경우가 종종 있었다. 근데 시간이 지나면서 아이 스스로 회의 시간을 지켜주고 있다.

2. 한마디씩 돌아가며 이야기한다.

처음엔 그냥 한 명씩 돌아가면서 각자 하고 싶은 말을 한마디씩 했다. 좋았던 일, 그냥 있었던 일, 화났던 일 등 자유스럽게 말하는 방식이었다. 그랬더니 아이들이 정말 간단하고 형식적인 이야기만 했다. 그런데 시간이 지나면서 점점 일상생활을 말하기 시작했다.

"이번 주에 체육대회 했는데 재밌었어요."

"어제 숙제 미리 못 해서 학교 가서 했는데 후회했어요. 다음부턴 미리 하려고요."

"저 유도 다녀보고 싶은데 다녀도 될까요?"

서로 하고 싶은 이야기를 하다 보니 아이들도 조금씩 자기의 사생활을 공유하기 시작했다. 친구들과 축구 한 얘기, 군것질한 얘기, 요즘 하는 게임 등 그동안 몰랐던 아이의 사생활을 엿볼 수 있게 되었다.

3. 이야기 주제를 세분화한다.

막연하게 하고 싶은 말을 하다가 질문을 좀 더 구체적으로 하기로 했다. 일주일 동안 좋았던 일, 나빴던 일, 가족한테 고마운 점, 요청 사항 등으로 질문을 나눠서 했다. 그랬더니 좀 더 자세한 이야기를 들을 수 있게 됐다. 특히 요청 사항이 있느냐는 질문이 가장 인기였다. 그 질문에 아이들은 앞다투어 대답했다.

"아빠 잔소리 좀 하지 마세요."

"엄마 게임할 때 방해하지 마세요."

"아빠 위치추적 하지 마세요. 아빠가 하는 거 다 알고 있어요. 사생활 침해예요."

뜨끔한 요청 사항들이 쏟아졌다. 위치추적을 하면 아이 핸드폰에 알림 문자가 간다는 걸 전혀 모르고 있었다. 남편하고 나는 서로 쳐다보며 한참을 웃었다. 서로 요청 사항 얘기하느라 회의 시간은 점점 길어지고 있다.

4. 공통 안건을 제안한다.

모두가 함께 개선해야 할 사항을 일주일에 한 가지씩 공통 안건으로 정하기로 했다. 안건은 대부분 사소한 일상생활 이야기였다.

"치약이 항상 찌그러져 있는데 왜 그런 걸까?"

"수건을 돌돌 말아서 수건걸이에 꽂아놓는 사람은 누굴까?"

"빨래를 빨래통에 정확히 집어넣자."

이런 잔소리 거리를 공통 안건으로 도마 위에 올려놓으니 장점이 많았다. 일단 매번 잔소리를 할 필요가 없어졌다. 그리고 아이들도 문제를 객관적으로 인식하게 되었다. 개선점을 이야기하며 스스로 고쳐가는 모습을 보여주고 있다.

5. 돌아가면서 회의 진행을 한다.

아빠 위주로 회의를 진행하다가 돌아가면서 회의를 진행하기로 했다. 회의 주최자 주관으로 회의를 진행하다 보니 아이들의 성향이 보였다. 큰아이는 무조건 빨리 끝내자는 주의였다. 근데 의외로 막내로만 생각했던 둘째가 의젓한 모습을 보여줬다. 큰아이의 불만 사항에 아빠가 대꾸하자 둘째가 점잖게 중재했다.

"아버님, 지금은 아버님이 말씀하실 차례가 아닙니다. 순서를 지켜주세요."

남편은 하던 말을 바로 중지했고, 회의는 계속 진행되었다.

한국효학회에서 2014년 '부모와 자녀 간 의사소통 유형과 행복감과의 관계'에 대한 연구 결과를 발표했다. 이 연구를 통해 부모와 자녀 간 의사소통 유형이 행복감과 어떠한 상관관계를 보이는지 알아본 결과, 부모와의 표현과 공감이 증가할수록 행복감도

증가하는 것으로 나타났다.12

아이들의 성장 과정에서 가족 간 의사소통은 무엇보다 중요하다. 어떤 방식으로든 아이들의 얘기를 경청하고 공감해줄 수 있어야 한다. 가족회의는 부모가 아이들과 의사소통을 할 수 있는 좋은 방식이다. 바쁜 워킹맘이라도 일주일에 10분만 시간을 만들어보자. 대화는 하면 할수록 깊어진다. 일단 모여보자.

10
행복한 엄마로
산다는 것

혼자 하는 경험이 가져오는 것들

"진수야, 학교 끝나고 집에 오는 길에 미용실 가서 혼자 머리 잘라볼래? 엄마가 체크카드 줄게."

"진짜? 나 혼자 미용실 가본 적 없는데."

"이번에 혼자 가보면 되지. 엄마가 원장님께 전화해둘 테니까 혼자 가봐."

아이를 미용실에 한번 데리고 가는 게 뭐가 그렇게 큰일인지 '진수 머리 잘라야 하는데'를 되뇌며 몇 주가 흘렀다. 평일에 친정 엄마에게 부탁할 수도 있었지만, 여섯 살 둘째까지 돌보는 엄마에게 내가 직접 할 수 있는 일까지 부탁하고 싶진 않았다. 하지만 주말에는 밀린 일을 처리해야 하기도 했고, 또 막상 주말이 되면 미용실보다 급한 일이 여지없이 발생했다. 두 아이가 번갈아 아프거나, 또는 다치거나, 치과 진료를 하는 등 병원 다니기도 바빴다. 미용실이 예약제로 운영되다 보니 아무 때나 갈 수도 없었다. 아무 일이 없다가도 막상 예약 시간이 되면 갑자기 돌발 상황이 발생하곤 했다. 그렇게 몇 주가 흘렀다. 아이의 머리는 점점 더벅머리가 되어갔다. 더 이상 미룰 수가 없어서 급기야 아이에게 미용실에 혼자 가볼 것을 권유했던 것이다. 첫째 아이는 그렇게 아홉 살부터 미용실에 혼자 다니기 시작했다.

첫째 아이가 미용실을 혼자 다니는 것만으로도 나의 주말이 조금은 여유로웠다. 남자아이라 3주 정도에 한 번꼴로 미용실을 다니다 보니 나는 그만큼의 시간과 에너지를 아낄 수 있게 된 것이다. 아이가 원하는 헤어스타일도 직접 원장님께 말했다. 자연스럽게 헤어스타일에 대한 결정권도 아이 스스로 갖게 된 셈이다. 어느 날, 아이가 염색을 해보고 싶다고 말했다. 나는 아이와 염색에 대한 이야기를 한참 나누었다. 왜 염색을 해보고 싶다는 생각을 하게 됐는지, 무슨 색으로 염색을 하고 싶은지, 친구 중에는 염색한 아이가 있는지 물어보았다. 아이는 친구가 최근에 빨간색으로 염색을 하고 왔는데 멋져 보여서 자기도 해보고 싶다고 했다. 다음 날 원장님에게 아이가 염색을 해보겠다고 하니 원하는 대로 해주십사 요청을 해두었다. 그리고 그날 오후 미용실에서 전화가 걸려왔다.

"어머님, 진수가 방금 염색하러 왔거든요. 무슨 색으로 하면 될까요?"

"색깔이요? 거기 진수 있다고 하지 않으셨어요?"

"네, 지금 앞에 앉아 있거든요."

"아이에게 컬러 샘플을 보여주시고 무슨 색을 원하는지 직접 물어봐주세요."

나는 아이가 어릴 때부터 스스로 결정해야 하는 일이나 할 수 있는 일을 대신 해주지 않았다. 아주 사소한 일이라도 본인이 선택하고 결정할 수 있게 기회를 주고 어떤 선택을 하든 격려하고 믿어주었다. 아이 스스로 '나도 할 수 있구나'라는 경험을 꾸준히 쌓을 수 있기를 바랐기 때문이다. 그날 아이의 머리 색은 붉은빛이 났다. 머리 색깔이 변한 게 신기한지 왔다 갔다 하면서 계속 거울을 쳐다봤다. 나는 아이가 스스로 선택한 붉은색이 참 잘 어울리고 멋있다고 말해주었다. 그리고 혼자 미용실에 가서 했던 행동이 얼마나 씩씩하고 용감한지에 대해 많이 칭찬해주었다. 그 후로도 아이는 색깔을 바꿔가며 몇 번 더 염색을 했다. 머리도 짧게 잘랐다가 조금 더 길러보기도 하는 등 한동안 헤어스타일에 많은 관심을 보였다. 그러다 네 번 정도 염색을 했을 때였나. 머리를 손질하는 도중 뜨거운 미용 도구가 목 뒤를 살짝 스쳤다고 했다. 아이는 뜨겁고 아팠지만 참을 수 있었다며 무용담처럼 그 상황을 늘어놓았다.

이제 막 복직한 김 과장에게

"엄마 나 진짜 뜨거웠는데 참을 수 있어서 참았어."

"와, 엄마 같았으면 참기 힘들었을 것 같은데 진수는 진짜 씩씩하다. 근데 만약 다음에 그런 일이 생기면 꼭 엄마한테 전화해. 알겠지?"

이 말을 들었을 때 나는 당연히 놀랐다. 목 뒤쪽을 확인해보니 불에 덴 붉은 자국이 남아 있었다. 크게 걱정을 하지 않아도 될 정도여서 다행이었다. 몇 차례 염색을 하다 보니 아이 머릿결이 조금씩 상해가는 것 같아 내심 고민이 되기도 했다. '머리카락이 상하니까 이제 염색을 그만하는 게 어떨까?' 이 말을 한번 해야겠다고 마음먹고 있었는데, 아이에게 그런 작은 사고가 발생한 것이다. 그 후로 아이는 더 이상 염색을 하지 않았다. 자연스럽게 나의 고민도 해결이 된 셈이었다.

미용실을 시작으로 혼자서도 할 수 있다는 '성공 경험'을 쌓은 아이는 다른 아이들보다 조금 일찍 모든 일을 혼자 하기 시작했다. 혼자서 병원에 가기도 하고, 스스로 학원을 알아보러 다니기도 한다. 가끔은 영화를 보러 혼자 극장에 가기도 하고, 필요한 옷이나 신발을 직접 사러 다니기도 한다. 물론 엄마인 내가 같이 알아봐주고 결제하는 방법을 도와줘야 한다. 하지만 항상 옆에 있어 줄 수 없는 워킹맘이기에 스스로 선택하고 결정하며 독립적으로 자라고 있는 아이가 그저 고마울 뿐이었다.

행복한 엄마란 무엇일까?

"엄마, 부탁이 있는데요. 저 좋은 축구화 한 켤레 살 수 있을까요?"

"축구화? 너 축구화 산 지 얼마 안 됐잖아."

"그렇긴 한데요. 축구화가 좀 작아서 발이 불편해서요."

중학생이 되면서 첫째 아이가 축구에 흥미를 보이기 시작했다. 친구들과 어울려 축구를 하는 시간이 많아지더니 축구화가 필요하다고 했다. 그래서 큰마음 먹고 축구화를 사줬는데 얼마 지나지 않아 축구화를 또 사달라는 것이었다. '축구화가 한두 푼도 아니고, 산 지도 얼마 안 됐는데 좀 더 신어야 하는 거 아닌가.' 그 비싼 축구화를 그냥 덜컥 사주겠다고 할 수도 없고, 그렇다고 안 사주겠다고 할 수도 없는 상황이었다.

"진수야, 지난번에 축구화 20만 원도 넘게 주고 산 거 알지? 그거 계속 신어도 되지 않을까?"

"이번에 학교 대표로 축구대회에 나가게 돼서 연습이 많거든요. 근데 발이 많이 불편해요."

"그렇구나. 그럼 이번에 살 때는 충분히 알아보고 또 여러 개 신어보고 사는 걸로 하자."

"네, 알겠습니다!"

아이는 신이 나서 방방 뛰었다. 비싼 축구화를 또 사달라고 말하는 게 자신도 미안했던 모양이다. 그러더니 자기가 알아봤는데 동대문에 축구화 전문 매장이 있다면서 나더러 주말에 동대문에 같이 가자고 했다. 매장 이름, 위치, 오픈 시간까지 이미 파악하고 있었다. 토요일 아침 일찍부터 우리는 동대문에 가기 위해 서둘렀다. 아이는 12시에 친구들과 영화를 보러 가기로 했다며 12시까지 다시 돌아와야 한다고 했다. 오픈 시간이 오전 10시였기 때문에 12시까지 돌아오려면 시간이 빠듯했다. 차를 타고 갈 수도 있었지만, 시간을 맞추기 위해 일부러 전철을 타고 갔다. 그렇게 지하철로 이동하면서 아이에게 지하철 환승이나 빠르게 목적지에 가는 방법 등을 가르쳐주었다. 내가 주로 보는 지하철 앱도 추천해줬다. 매장이 열리자마자 들어가 축구화를 추천받아 신어보고 비교해보았다. 아이는 적극적으로 물어보고 신어보며 이것저것 비교했다. 본인이 사고 싶었던 축구화가 없어 조금 아쉬워하긴 했지만, 여러 가지를 고려해서 나름의 선택을 했다. 처음부터 끝까지 모든 것이 아이의 선택이었다.

아이가 약속한 시간이 다가오고 있었다. 11시 52분. 약속 장소가 있는 전철역에 도착했다. 아이는 인사할 시간이 없을 것 같다며 나에게 미리 인사를 하고, 문이 열리자마자 순식간에 사라져갔다. 멀어지는 아이의 뒷모습을 보며 만감이 교차했다. '정말 많이 컸구나. 이제 엄마인 내가 해줄 것이 그리 많이 남은 것 같지 않다.' 순간 울컥하는 마음에 눈물이 핑 돌았다.

얼마 전, 외식을 하기 위해 가족들과 함께 쇼핑몰에 갔다. 식당을 찾아 걷고 있었는데, 한 아이가 소리를 지르며 도망가고 그 뒤를 엄마가 쫓는 광경을 보았다. 결국 엄마는 아이를 붙잡았고 근처에 있는 의자로 데려가 앉혔다. 아이는 계속해서 발버둥 치며 소리를 질렀고 길 가던 사람들이 걸음을 멈추고 그런 아이를 쳐다보았다. 소리 지르는 아이와 사람들의 시선 앞에서 안절부절못하는 엄마의 모습을 보니 나도 모르게 안타까움과 울컥하는 감정이 밀려왔다. 나라면 주저앉아 울고 말았을 거라는 생각이 들 정도였다. 그때 그 모습을 함께 지켜보던 큰아이가 말을 꺼냈다.

"아니, 저런 정도의 애가 있다니, 좀 심한 거 아닌가."

"풋, 심하다고? 진수야 너 어렸을 때도 저랬어. 기억 안 나?"

"엥, 제가요? 제가 저랬다고요?"

"어. 너도 저랬어. 그러니 엄마가 널 키우기가 얼마나 힘들었겠어."

"흐흐흐, 네 힘드셨겠네요."

"그러니까 이제라도 엄마한테 죄송했다고 사과해. 그때 생떼 부린 거."

"죄송요."

"진수야, 제대로 진심을 담아서 사과해라."

"아이고 어머니, 그때 진심으로 죄송했습니다~."

너스레를 떨며 사과하는 아이의 모습에 한참을 웃었다. 아이에게 사과하라는 말은 장난이었지만, 막상 사과를 받고 나니 신기하게도 힘들었던 지난 시간이 조금은 위로가 되는 것 같았다. 장난감 사달라며 마트에서 생떼 부리던 아이, 과학관에 들어가지 않겠다고 주먹을 불끈 쥐던 아이, 놀이터에서 더 놀겠다고 도망 다니던 아이…. 그랬던 아이가 어느덧 이렇게 훌쩍 자라 내 인생의 동반자가 되어가고 있다.

아이는 커가면서 점점 자기 인생의 주인공이 되어간다. 아이가 주인공이 되어 갈수록 엄마인 나는 관객이 되어간다. 관객인 나는 아이가 주인공인 아이 인생이 앞으로 어떻게 펼쳐질지 점점 기대가 된다. 스스로 성공과 실패를 경험하며 아이가 본인의 인생을 온전히 즐기며 살아가길 진심으로 응원한다. 아이의 인생을 온전히 아이 것으로 만들어주는 것. 그리고 열혈 팬의 한 사람이 되어 아이 인생의 관객이 되어주는 것. 그것이 아이를 키우는 엄마로서 가장 행복하게 사는 방법이자 유일한 방법이 아닐까. 나는 이제 아이에게 쏟았던 시간과 에너지를 조금씩 나를 향해 돌리고 있다. 나도 앞으로 남은 내 인생을 그 누구보다 즐겁고 행복하게 살아갈 것이기 때문이다.

4장

설레는 하루를 위한
새벽 4시

아이가 어릴 때는 한 치 앞도 예측할 수 없었고, 나는 그런 상황을 탓하며 좌절했다. 하지만 예측할 수 없는 상황은 내가 어떻게 해결할 수 있는 부분이 아니었다. 그건 내가 통제할 수 있는 영역이 아니었다. 천천히 제자리걸음을 하며 나는 깨달았다. 하루 중 내가 통제할 수 있는 유일한 시간은 지금 이 새벽 시간밖에 없다는 것을.

01
건강하게
시작하는 하루

아이가 잠든 이후 운동하기

'이상하다. 허리가 왜 이러지?'

어느 날부터 허리에 불편함이 느껴졌다. 뭐라고 말로 표현할 수 없는 느낌이었는데, 병원에 가야 할 정도의 통증이나 특별한 증상이 있던 것은 아니었다. 그런데 어느 날 갑자기 회사에서 의자에 앉아 있기 힘들 정도로 아파 한의원에서 치료를 받았다. 크게 나아지는 느낌은 없었고 퇴근 시간 무렵에는 허리통증이 더욱 심해졌다. 그저 집에서 쉬어야겠다는 생각밖에 들지 않았다. 퇴근길 전철에서도 허리가 너무 아파서 서 있기가 힘들 정도였다. 손잡이에 거의 매달리다시피 하며 간신히 버텼는데, 숨을 쉬기가 힘들었다. '허리가 아픈데 왜 숨쉬기가 어려운 거지?' 허리통증과 호흡곤란으로 사경을 헤매다가 거의 기다시피 해서 간신히 집으로 왔다. 이제껏 경험해보지 못한 통증이었다. 두려움이 몰려왔다. 다음 날 척추 전문병원을 찾아갔더니 진단명이 추간판 팽윤증이었다. 의사는 오래전부터 서서히 진행된 것이고 디스크 초기 증상이라며 오래 앉아 있으면 안 된다고 했다. 직장인 수험생에게 그보다 암담한 처방은 없었다. 공부가 잘 안 되어도 하루에 15시간 이상 막무가내로 앉아 있었던 나 자신이 한심했지만, 그땐 이미 늦은 상황이었다. 남의 일인 줄만 알았던 직업병이 나에게도 찾아온 것이었다.

의학 전문 매체 《메디팜헬스뉴스》는 2019년 인천대 노동과학연구소의 눈에 띄는 연구 결과를 소개했다. 이 연구는 1990년 말부터 철도 정비, 음식 산업, 자동차, 중공업, 병원 등 50개 사업장 노동자들의 근골격계 질환 비율을 조사했다. 그 결과, 근골격계 질환 의심자가 평균 51.4퍼센트인데, 그중에서 속기사나 자료 입력직 등 사무직은 70퍼센트가 넘는 것으로 나타났다.[1] 실내에서 근무하고 무거운 물건을 나르지 않는 사무직 노동자들의 근골격계 질환 의심 비율이 자동차 부품 조립을 하는 제조업보다 수치가 높다는 게 놀라웠다.

의사는 한결같이 운동을 해야 한다고 권유했다. 특히 코어 근육 운동을 해서 몸의 중심부인 척추, 골반, 복부를 지지하는 근육을 단련해야 통증을 막을 수 있다고 했다. 하지만 직장인에게 운동은 마음만 먹는다고 할 수 있는 게 아니었다. 그러다 보니 이것 저것 알아보기만 하다가 결국 치료만으로 급히 통증을 가라앉혔다. 통증이 사라지자 다시 전과 같은 생활로 돌아갔다. 그러다 1년이 채 되기도 전에 통증이 재발했다. 이번엔 다리가 저리고 아픈 증상으로 나타났는데, 허벅지가 찢어지는 듯한 통증 때문에 의자에서 일어서다 몇 번 주저앉기도 했다. 이번에는 심각한 위기의식을 느꼈다. 이러다 걷지 못하게 되는 것은 아닌가 하는 생각이 들 정도로 고통스러웠다. 통증을 완화하는 치료를 받았지만, 이전보다 시간이 더 오래 걸렸다. 나는 바로 헬스장 연간 회원권을 끊고 등록했다.

퇴근하고 헬스장 가서 운동하는 삶이 사치라는 걸 결혼 전엔 몰랐다. 특히 나 같은 워킹맘은 퇴근하고 운동을 하려면 육아와 살림을 아예 포기해야 한다. 아무리 허리가 아프다고 해도 운동을 이유로 모든 집안일을 남편에게 떠넘길 수는 없는 노릇이었다. 그래서 둘째를 일찍 재우고 밤 10시쯤 헬스장에 가야겠다고 생각했다. 그런데 둘째를 재우면서 내가 같이 잠들지 않는 게 관건이었다. 나는 잠들지 않으려고 정신을 똑바로 차리고 누웠고, 아이가 잠들자마자 이부자리를 박차고 일어났다. 그렇게 며칠 동안 헬스장을 다녀보니 아이가 제시간에만 자면 운동 패턴을 유지할 수 있겠단 생각이 들었다. 하지만 그 기쁨도 잠시였다. 코로나19 확진자가 급증하면서 사회적 거리두기가 강화됐고, 헬스장은

10시까지로 영업시간이 단축됐다. 그렇게 나의 운동도 중단됐다. 허리통증과 운동 때문에 고민하던 그 시기에 오랜만에 친구를 만났다. 그동안의 나의 고민을 하염없이 친구에게 털어놓았다.

"막상 하려니까 한 시간 운동하는 것도 쉬운 일이 아니더라. 의지만으로 되는 일도 아니더라고."

"퇴근 후 운동하는 게 어디 쉽니. 우리 같은 워킹맘은 거의 불가능하다고 봐야지."

"아이를 재우고 나면 할 수 있겠다 싶었는데, 헬스장이 문을 닫을 게 뭐람."

"그럼 아침에 하는 건 어때? 나는 모닝 루틴이란 걸 하거든."

모닝 루틴, 새로운 시작!

모닝 루틴? 친구의 말에 나는 눈을 번득였다. 최근 '모닝 루틴' 하는 사람들이 늘고 있다며 친구는 이른 아침에 차를 마시면서 일기를 쓰고, 또 그 시간에 그림도 그린다고 했다. 나는 그 말을 듣는 순간 '이거다!' 싶은 예감이 들었다. 모닝 루틴은 2016년에 『미라클 모닝』이란 책에서 소개된 개념이다. 찾아보니 이미 많은 사람이 이것을 실천하고 있었다. 구인 구직 사이트 알바천국은 개인 회원 846명을 대상으로 조사한 결과, 전체 응답자의 28.8퍼센트가 '미라클 모닝'에 도전해본 경험이 있거나 현재 실천 중인 것으로 나타났다고 밝혔다. 특히 30대 남성의 경우 45퍼센트가

이제 막 복직한 김 과장에게

도전 혹은 실천 경험이 있는 것으로 조사됐다.2 나에게는 신세계였지만 많은 사람이 정말 다양한 방법으로 새벽 시간을 보내고 있었다. 운동을 하려면 헬스장 같은 체육시설에 가야만 한다고 생각했는데, 사람들의 노하우를 찾아보니 홈 트레이닝으로 운동을 할 수 있겠다는 생각이 들었다.

모닝 루틴에 관한 정보는 많았지만, 처음부터 나에게 적용하는 게 쉽진 않았다. 일단 내가 할 수 있는 것부터 시작해보기로 했다. 훌라후프를 해보려 했지만, 허리 때문에 할 수가 없어서 우선 제자리걸음부터 하기로 결심했다. 제자리걸음을 한다고? 동료들이 의아해했다. 그게 무슨 운동이 되겠느냐는 반응이었다. 사실 나도 대단한 운동 효과가 있을 거라 생각하진 않았다. 일단 뭐라도 시작하고 싶은 마음에 할 수 있는 걸 찾았을 뿐이었다.

2022년 취업 플랫폼 잡코리아가 직장인 529명을 대상으로 '새해 단골 계획' 설문조사를 진행했다. 그 결과, 새해를 맞이해 직장인들이 많이 세우는 '단골 계획'으로 운동과 체력 관리가 64.1퍼센트로 가장 많았다. 그리고 2021년에 세웠던 새해 계획을 잘 지켰는지에 대해선 67.3퍼센트가 그렇지 않다고 답변했다.3 누구나 예상할 만한 결과였다. 그렇기 때문에 내가 지킬 수 있는 쉽고 간단한 루틴을 만드는 게 중요했다. 그리하여 모두가 의아해하던 제자리걸음으로 난 나만의 새벽 운동을 시작했다. 가족이 모두 잠들어 있는 새벽, 나는 조용히 운동복으로 갈아입고 제자리걸음을 걸었다. 그 첫날의 감흥을 아직 잊을 수가 없다. 나는 눈을 감고 명상하듯 나의 움직임에 집중했다. 지루해서 10분도 하지 못할 것 같던 제자리걸음으로 30분을 채웠다. 무언가 해냈다는 성취감과 내 안에 에너지가 채워지는 기분이었다.

운동하는 게 무슨 대단한 일이라고 그동안 이토록 힘들었을까. 그저 나의 의지력 부족만은 아니었던 것 같다. 내가 목표를 세우고 실행하려고 해도 예측할 수 없는 상황이 반복적으로 생겼다. 그런 상황을 만나면 거기서부터 또 다른 새로운 목표를 세워야 했다. 새로운 목표를 세우다 보면 나의 의지는 점점 현실과 타협하며 희미해졌다. 사실 워킹맘에게 예측할 수 없는 상황은 너무나 많다. 거의 모든 일이 그렇다고 해도 과언이 아니다. 특히 아이가 어릴 때는 한 치 앞도 예측할 수 없었고, 나는 그런 상황을 탓하며 좌절했다. 하지만 예측할 수 없는 상황은 내가 어떻게 해결할 수 있는 부분이 아니었다. 그건 내가 통제할 수 있는 영역이 아니었다. 천천히 제자리걸음을 하며 나는 깨달았다. 하루 중 내가 통제할 수 있는 유일한 시간은 지금 이 새벽 시간밖에 없다는 것을.

다음 날도, 그다음 날도 설레는 마음으로 새벽에 눈을 떴다. 가볍게 걷는 제자리걸음만으로도 하루를 희망차게 시작할 수 있다는 걸 느꼈다. 조용히 눈을 감고 걷다 보니 머릿속에 떠다니던 많은 생각을 차분히 정리할 수 있었다. 명상과 운동이라는 두 가지

이제 막 복직한 김 과장에게

효과를 동시에 얻을 수 있었다. '시작이 반이다'라는 속담처럼 일단 시작하는 게 중요하다. 시작한 순간 새로운 세상이 열리기 때문이다. 그리고 그때는 몰랐다. 미약한 제자리걸음으로 내가 얼마만큼 성장하게 될 것인지를. 하루에 10분도 운동할 시간이 없다고 느끼는 워킹맘이라면, 10분만 일찍 일어나 새벽 시간을 느껴보자. 10분의 새벽 시간이 당신에게 새로운 세계를 열어줄 것이다.

이제 막 복직한 김 과장에게

02
새벽 4시,
새로운 세계를 만나다

나에게 집중하는 시간

"아우, 깜짝이야. 귀신인 줄 알았네. 안 자고 뭐하는 거야?"

정적이 흐르는 어둑한 새벽, 혼자 제자리걸음을 걷고 있는 여자의 뒷모습을 보면 그럴 만도 하다. 그렇게 어느 날 갑자기, 귀신처럼 나의 새벽 기상은 시작됐다.

처음 며칠은 30분 정도 제자리걸음만 걸었다. 그러다가 이왕 시간을 확보한 김에 좀 더 운동 효과를 보고 싶다는 생각이 들었다. 거실 구석에 한 번도 사용해본 적 없는 가정용 로잉머신이 눈에 들어왔다. 나는 유튜브에서 기구의 사용법과 운동 효과를 찾아보았다. 꾸준히 하면 간단한 가정용 운동 기구로도 근력운동의 효과를 볼 수 있을 것 같았다.

내가 보통 헬스장에서 하던 운동은 유산소운동, 근력운동, 스트레칭 정도였다. 이걸 그대로 홈 트레이닝에 적용할 수 있을 듯했다. 척추에 도움이 되는 스트레칭 자세도 열심히 찾아보았다. 그렇게 여러 가지를 조합하여 나만의 운동 패턴을 만들었다. 홈 트레이닝은 운동 효과뿐 아니라 내가 생각하지 못했던 여러 장점이 있었다.

2021년 《매드타임스》는 엠브레인 트렌드모니터가 실시한 일상생활에서의 '운동 경험 및 홈 트레이닝' 관련 설문조사 결과를 발표했다.4 그 결과, 사람들이 홈 트레이닝을 하는 이유는 자신이 원하는 시간에 운동을 할 수 있고(57.1퍼센트), 다른 사람을 신경 쓰지 않아도 되고(36.6퍼센트), 돈을 아낄 수 있기(30.1퍼센트) 때문이었다. 내가 느꼈던 장점들이 그대로 반영되어 있었다. 시간이 없고 돈이 없다는 건 핑계에 불과했다.

한 개의 습관이 자리 잡고 나니 다른 것도 해보고 싶다는 생각이 들었다. 그러다 우연히 발견한 것이 필사였다. 막연하게 책을 읽는 것보다 책을 읽고 노트에 적으면 마음이 차분해질 것 같았다. 직접 글로 써보면 당연히 책의 내용도 더 오래도록 기억에 남을 것이니 일석이조였다. 나는 '아침 일기' 대신 나에게 들려주고 싶은 이야기를 담은 책을 골라 매일 한 페이지씩 적어나갔다. 나의 첫 필사 책은 파울로 코엘료의 『내가 빛나는 순간』이었다. 실제로 필사를 해보니 내가 나에게 편지를 쓰는 기분이 들었다. 책을 그저 읽기만 할 때 지나쳤을 법한 감흥들이 느껴졌다. 어떤 날은 실실 웃었고, 어떤 날은 눈물이 핑 돌았다. 내가 듣고 싶은 위로와 응원을 해줄 누군가를 따로 찾을 필요가 없었다. 내가 나에게 해주면 되는 것이었다. 그리고 나는 어느 날 우연히 '긍정 확언'이란 말을 듣게 됐다. 찾아보니 여기저기 긍정 확언을 인증하는 사람들이 많았다. 사람들은 아침에 긍정 확언을 하는 것만으로도 엄청난 잠재의식의 변화가 생기고, 또한 그것을 통해 내면의 세계와 마주하게 된다고 한다. 나는 여기저기서 긍정 확언 문구들을 모아 나만의 것을 만들었다.

나만의 모닝 루틴

"새벽 4시에 일어나서 도대체 뭘 하시는 거예요?"

'새벽 4시에 일어난다고?' 하며 나도 놀란 표정으로 친구에게 질문하던 때가 있었다. 그런데 이제 내가 같은 질문을 받는 사람이 되었다. 새벽 4시에 일어나서 도대체 뭘 하는지 궁금해하는 사람들이 많다. 그래서 내가 현재 실행하고 있는 모닝 루틴을 공유해보고자 한다.

1. 모닝 루틴 준비하기(10분)

일어나자마자 티 포트에 물을 데운다.

필사 준비물(독서대, 책, 노트, 필통)을 식탁에 세팅한다.

운동복과 운동화를 준비해둔다.

찻잔에 차를 따른다.

2. 차 마시면서 책 읽기(15분)

차를 마시면서 15분 동안 책을 읽는다. 처음엔 책의 내용을 무조건 다 적는 전체 필사를 했다. 하지만 지금은 원하는 부분만 발췌하는 부분 필사를 한다. 그래서 15분 동안 책을 읽으며 필사하고 싶은 부분에 밑줄을 긋는다. 처음엔 책에 밑줄을 그어야 하나 말아야 하나까지 고민할 정도로 효과적인 방법을 고심했다. 그 결과 지금은 맘껏 줄 긋고 메모하고 책을 접어가며 독서를 즐긴다.

3. 필사하기(10분)

줄 긋고 표시해두었던 문장 중에서 필사하고 싶은 문장을 고른다. 노트에 날짜를 적고 책의 내용을 검정 펜으로 적는다. 필사를 할 땐 띄어쓰기와 문장부호까지 그대로 적는다. 집중해서 쓰다 보면 정확히 모르던 국어 문법 실력도 향상시킬 수 있다. 그리고 작가가 글을 어떻게 풀어나가는지 유심히 관찰하며 글쓰기 공부도 할 수 있다. 그리고 책의 내용 밑에 파란색 펜으로 내 생각을 적는다. 마음껏 자유롭게 쓴다. 책을 읽고 느낀 점, 반성, 다짐 등 아무거나 상관없다. 이렇게 필사를 하면서 글쓰기가 왜 중요한지 깨닫게 되었다. 작가의 생각에 의문을 제기하고 나만의 언어로 이해할 수 있게 되었기 때문이다. 그동안 나는 책을 읽으면 작가의 생각을 필터 없이 온전히 받아들였다. 지나고 보니 그런 식으로 독서했던 시간이 아쉽게 느껴졌다. 처음엔 단순히 마음이 끌리는 책을 골라 필사를 시작했다. 그러다 우연히 고전을 읽고 필사하는 고전 필사를 알게 되었다. 고전 필사의 이야기는 다음에 별도로 이야기하고자 한다.

4. 긍정 확언(10분)

내가 만들어놓은 긍정 확언 리스트를 소리 내어 읽으면서 노트에 적는다. 긍정 확언 밑엔 나의 목표와 꿈을 적는다. 목표와 꿈은 명확하고 실현 가능하게 적되 언제까지 이루겠다는 데드라인까지 구체적으로 설정한다. 시간이 남는 경우 노트 밑부분에 '나는 무엇을 원하는가?'란 질문을 적고 내가 원하는 것들을 두서없이 적어간다. 나는 평소에 '싫었던 일'에 대한 생각을 많이 하는데, 그런 생각을 정리하지 못하면 그것이 일상 대화에서 나오기도 한다. 결국 누군가에게 그런 불평불만을 말하게 되는 것이다. 나 자신이 이런 질문으로 생각을 정리만 해도, '싫은 일'에 대한 생각을 멈출 수 있다는 걸 나는 깨달았다. 그런 일을 생각하는 대신 원하는 것들을 생각하며 내가 원하는 모든 것들이 이루어지는 상상을 해본다.

5. 운동하기(40분)

제자리걸음 10분: 운동복을 갈아입고 제자리걸음을 걷는다. 제자리걸음을 걸을 땐 운동화를 신고 매트 위에서 걷는다.

로잉머신 상체 10분: 등이나 가슴 부위의 근력 운동을 요일별로 번갈아가며 한다.

로잉머신 복부 5분: 복부 근력 운동을 매일 한다.

스트레칭 15분: 플랭크 자세로 2분을 버틴다. 그 후 크런치 15회 3세트를 한다. 남는 시간은 여러 가지 나에게 맞는 자세로 스트레칭을 한다.

나는 이미 20년 가까이 오전 5시 30분 전에 일어나고 있다. 첫 회사부터 지금까지 출퇴근 시간이 편도 1시간 이상 걸렸기 때문이다. 5시 30분에 일어나 7시에 출근하는 나의 삶은 누군가에겐 이미 '미라클 모닝'일 수도 있다. 하지만 내 경우는 새벽 4시에 일어난다고 해도 한 시간 반 남짓의 시간밖에 여유가 없다. 그래도 나는 하루 한 시간 반의 시간이 모이면 내 삶을 바꿀 수 있다는 큰 교훈을 얻게 됐다. 나는 나만의 내적 동기가 중요한 사람이다. 내적 동기는 내가 멀리 갈 수 있는 에너지를 제공해준다. 이런 부류의 사람에게는 함께할 사람을 찾는 것보다 내면의 소리를 듣는 것이 더 중요하다. 모두가 잠든 고요한 새벽, 나는 나만의 자기 계발 모드의 스위치를 켠다. 온전히 나에게만 집중하는 시간을 통해 내 안에 에너지가 충만해진다는 걸 느낀다. 그 어떤 것의 영향도 받지 않는 나만의 시간, 그 시간을 통해 나는 매일매일 작은 성취의 경험을 쌓고 있다.

돌이켜보면 놀라운 발전이 아닐 수 없다. 내가 행동으로 옮긴 10분의 제자리걸음이 습관이 되고 그 습관에 덧붙어 다른 습관들이 생겨났다. 나에게 집중하게 되니 쓸데없는 곳에 에너지와 시간을 낭비하지 않게 되었다. 아무것도 내 마음대로 되지 않는다고 생각하는 워킹맘이 있다면, 자신만의 새벽 시간을 열어보자. 일과 육아에 지친 워킹맘에게 새벽 시간은 에너지 충전소가 되어줄 것이다. 나에게 온전히 집중하는 시간을 통해 내 안의 에너지를 충전해보고 싶지 않은가?

03
내가 발견한 보물,
고전 필사

나에게 맞는 독서법 찾기

"당신, 또 무슨 책을 읽는 거야? 제발 책 좀 그만 읽어."

내가 신나게 책 이야기를 하면 남편의 반응은 한결같이 책을 좀 그만 읽으라는 것이었다. 남편이 그런 반응을 보이면 황당했다. '아니 왜 책을 그만 읽으라는 거야? 더 읽어도 모자랄 판에. 다시는 책 이야기해주나 봐라.' 하지만 다음 날이 되면 또 새롭게 읽은 책의 내용을 남편한테 전달하기에 바빴다. 이런 대화를 할 사람이 남편밖에 없기 때문이었다.

나는 책을 꽤 많이 읽는 편이다. 그동안 내가 읽었던 책들 덕분에 지금의 내가 존재한다고 생각한다. 그만큼 독서는 내 삶을 지탱해주는 큰 힘이 된다. 책을 본격적으로 읽은 것은 대학 때였는데, 우연히 교양과목 과제로 읽은 자기계발서가 큰 전환점이 됐다. 그 책은 아직까지도 내게 큰 영향을 미치고 있다. 학창 시절에는 교과서를 비롯해서 책 자체를 좋아하지 않았다. 그러다 성인이 되어 내가 좋아하는 책만 읽다 보니 독서 자체가 나에겐 재밌거리였다. 처음엔 주로 자기 계발에 관한 책들을 읽었다. 그러다여행, 심리학, 육아, 재테크, 다이어트, 소설까지 그때그때 흥미에따라 분야를 넓혀갔다. 그렇게 독서는 내 삶의 일부로 자리 잡아갔다. 나는 단순히 책을 읽는 데에 그치지 않았다. 그 책의 내용을온전히 받아들였다. 그리고 내가 할 수 있는 건 꼭 바로바로 실행에 옮겼다. 좋은 건 혼자만 알면 안 되니까 누군가와 함께 공유하고 싶었다. 지금 그 누군가가 바로 남편인 것이다.

"여보, 유대인들은 아이들에게 집안일을 시키고 용돈을 주면서 경제 교육을 한대."

"그래? 얼마 전엔 아이들에게 집안일 시키면서 돈 주지 말라고 했다면서."

"아 그래? 내가 그랬나?"

"책은 정답이 아니잖아. 참고만 하고 옳고 그름은 당신이 판단해야지."

언젠가부터 남편은 내가 하는 책 이야기에 토를 달기 시작했다. 그때까지도 나는 나의 독서 방식에 문제가 있다는 것을 몰랐다. 남편에 따르면, 내가 필터 없이 책의 내용을 온전히 받아들인다는 것이었다. 그러고 보니 나는 어떤 책을 읽으면 그것에 푹 빠져 주관 없이 휘둘렸던 것 같다. 그동안 책을 읽으면서 옳고 그름을 따지거나 비판하는 자세로 읽지 않았고, 그런 독서 방식이 잘못됐다는 생각은 더더군다나 하지 않았다. 그러던 어느 날 우연히 인터넷에서 필사를 하는 사람들의 이야기를 보게 됐다. 책을 읽고 글로 남기면 좋겠다는 생각에 좀 더 자세히 찾아봤는데, 필사 종류, 필사 방법, 필사 준비물까지 정보가 너무 많았다. 그렇게 효과적인 필사법을 찾던 중에 독서법에 대한 글을 보게 되었다. 그 글을 보면서 나는 적잖은 충격을 받게 됐다. 내가 책을 읽어왔던 방식이 옳은 방법이 아니었다는 걸 깨달았기 때문이다. 그제야 나는 남편의 말이 조금은 이해가 됐다.

무릇 책을 한 권을 볼 때 오직 나의 학문에 도움이 될 만한 것이 있으면 가려 뽑고, 그렇지 않다면 하나도 눈여겨볼 필요가 없는 것이니 백 권 분량의 책일지라도 열흘 정도의 공을 들이면 되는 것이다.[5]

정약용이 두 아들에게 보낸 『유배지에서 보낸 편지』에 있는 내용 중 일부다. 아무런 문제의식 없이 책을 읽고 고스란히 받아들였던 나와 다른 방식이었다. 책을 읽을 때는 나에게 보탬이 될 만한 내용을 뽑아서 봐야 하는 거였구나. 책을 읽기 전에 그 책을 읽는 목적이 있어야 했구나. 이런 크고 작은 깨달음을 통해 나는 독서법을 바꾸기로 결심했다. 그렇게 해서 시작한 것이 부분 필사였다.

이제 내게 새 책처럼 깨끗한 책은 없다. 책을 읽으면서 줄을 긋고 메모를 하며 마구 접기까지 한다. 이것 자체도 흥미롭다. 줄을 긋거나 동그라미 치는 것만으로도 내용이 한 번 더 각인이 된다. 내가 책에 표시해둔 문장 중에서 남기고 싶은 문장을 노트에 적는다. 그리고 그 밑에 내가 느끼거나 깨달은 것들을 일기 쓰듯 자유롭게 써 나간다. 부분 필사를 하는 와중에 '아레테인문아카데미'라는 인터넷 카페를 알게 되었다. 카페에서는 4주 단위로 고전을 함께 읽는 '고전 필사 프로그램'이 진행 중이었다. 나는 고전을 읽어본 적도 없는데 충동적으로 이 프로그램에 참여 신청을 했다. 고전을 읽고 필사하는 내 모습을 상상하니 뭔가 멋있을 것 같았고 설렜다.

필사에서 얻게 된 네 가지

그렇게 해서 나는 고전을 읽게 됐다. 혼자였다면 생각조차 하지 않았을 책들이었다. 프로젝트에서 단계별로 책을 추천해주기 때문에 내 수준에 맞는 책을 선택할 수 있었다. 내가 처음으로 필사를 시작한 책은 임성훈 작가의 『고전명언 마음수업』이었다.

열심히 사는 방향이 '빛나는 존재인 나'를 밝히는 것과 무관하다면, 껍데기만 예쁘게 가꾸고 본질과 멀어지는 것이라면, 내 삶은 예쁜 쓰레기가 돼가고 있는 것은 아닐까요?6

『고전명언 마음수업』이란 책을 열자마자 가장 먼저 눈에 띈 내용이었다. 언뜻 가벼운 듯하면서 가슴에 와 닿는 문장이었다. 내가 지금 옳은 방향으로 삶을 살아가고 있는 건지 생각해보게 됐다. 어느 날부터 나는 카톡 프로필 사진을 없앴다. 남을 의식하며 경쟁하듯 사진을 올리는 데 싫증이 났던 것 같다. 그러면서 사진을 찍기보다 사진에 찍히는 그 순간에 좀 더 집중하게 됐다. 막연하게 껍데기만 예쁘게 가꾸는 것이 아닌 본질에 다가가는 삶을 살고 싶었던 게 아니었을까. 우연히 고전을 읽기 시작하면서 내가 본질적인 삶에 갈증을 느끼고 있다는 걸 알게 됐다. 그리고 고전을 읽을수록 왜 고전을 읽어야 하는지 느낄 수 있었다. 아침마다 고전을 읽고 필사를 하면서 내 삶에 조금씩 변화가 찾아왔다. 나에게 찾아온 변화가 어떤 것들인지 여기서 나누어보고자 한다.

1. 나 자신을 이해하게 된다.

"사람들과 함께 있어도 외롭기는 마찬가지야." 생텍쥐페리의 『어린 왕자』에 나온 글이다. 이 글을 보자마자 생텍쥐페리가 나에게 해주는 말인 것 같았다. '그러게, 나도 그래. 그런데 왜 그

이제 막 복직한 김 과장에게

런 거야? 나는 사람들과 함께 있을 때도 왜 외로운지 모르겠어.' 나는 내가 느낀 점을 노트에 적었다. 물론 답을 알려주는 사람은 없었다. 내가 묻고 나 스스로 답을 찾아야 했다. 그러면서 나는 나의 내면과 마주하게 됐다. 내 안의 소리를 듣고 나 자신과 소통하고 나 자신을 알아가는 순간이었다. 나는 나와의 대화를 통해서 알게 됐다. 내가 다른 사람들과 함께 있어도 외로웠던 이유를. 그건 정작 중요한 나와의 소통이 단절되어 있었기 때문이었다. 이제 난 혼자 있어도 외롭지 않다. 내 곁에 항상 '내'가 있기 때문이다.

2. 나만의 깨달음을 얻는다.

"당신이 없애버리고 싶은 누군가는 실재하는 존재가 아니라 단지 허상일 뿐이오. 누군가를 미워한다면 그 사람 안에 있는 자신의 어떤 모습을 미워하는 것이오. 자신 안에 존재하지 않는 것은 당신을 불안하게 하지 못하는 법이라오." 헤르만 헤세의 『데미안』에 나온 내용이다. 이 글을 읽으면서 나는 큰 깨달음을 얻게 됐다. 내가 누군가를 미워했던 이유가 그 사람 자체의 문제가 아니었다. 그 사람의 미운 모습에서 내가 싫어하는 나의 모습을 보았던 것이다. 결국 내가 누군가를 미워하지 않으려면 나 자신을 먼저 감싸주고 사랑해줘야 한다는 걸 깨닫게 됐다.

3. 나만의 중심을 잡을 수 있게 된다.

"책을 멀리하라. 남의 의견 때문에 그대의 마음이 분산되고 들락날락하지 않게 하라." 마르쿠스 아우렐리우스의 『명상록』에 나온 내용이다. 이 말은 줏대 없이 누군가의 의견에 이리저리 끌려다니며 다독을 즐기던 나에게 하는 말이었다. 나는 이제 독서를 단순한 재밋거리로 생각하지 않는다. 고전을 읽고 내 생각을 적으며 나만의 판단 기준으로 생각을 정리해나간다. 그것만으로도 나만의 중심을 잡을 수 있게 된다.

4. 평정심을 유지하게 된다.

"스스로 마음에 생기를 불어넣고 똑바로 서라. 다른 사람의 도움이나 존재에 기대지 말고 외부에서 주어지는 평온을 바라지 마라. 사람은 스스로 똑바로 서야 하지 남에 의해 바로 세워져서는 안 된다." 이것도 마르쿠스 아우렐리우스의 『명상록』에 나온 내용이다. 나는 이제 내 안에서 편안함을 얻을 수 있다. 나만의 올바른 판단 기준으로 나 스스로 똑바로 선다. 더 이상 남의 시선이나 평가에 휘둘리지 않는다. 고전을 읽고 나와 대화하는 것으로 충분히 평정심을 유지할 수 있기 때문이다.

고전 필사를 시작한 후 나의 새벽은 한층 성숙해졌다. 매일 새벽 가슴 떨리는 고전의 문장들을 적고 내 생각을 확장해나간다.

이제 막 복직한 김 과장에게

책을 펼치면 고전 속 스승들이 나에게 질문을 던진다. 그리고 나와의 대화를 통해 나만의 판단 기준을 세우게 된다. 나 스스로 중심을 잡고 남들의 판단 기준에 휘둘리지 않는다. 지금 당장 책을 펼쳐 고전 속 스승들과 대화를 나눠보면 어떨까. 내가 발견한 고전 필사라는 보물을 당신과도 나누고 싶다.

04

새벽을 열면
일상의 선순환이 시작된다

갑자기 찾아오는 번아웃 증후군

어느 날 갑자기 업무나 일상 등 모든 일에 무기력해진 자신을 발견한 적이 있는가? 2021년 취업 포털 사이트 인크루트가 직장인 750명을 대상으로 실시한 '번아웃 증후군 경험 여부' 설문조사 결과, 최근 1년간 번아웃 증후군을 겪은 직장인은 64.1퍼센트로 나타났다.7 번아웃 증후군을 경험한 연령대는 74.9퍼센트로 30대에 가장 높게 나타났고, 남성(60.3퍼센트)보다 여성(67.4퍼센트) 직장인 비율이 6.9퍼센트 높았다고 한다. '번아웃 증후군'이란 용어는 미국의 정신분석가 허버트 프로이덴버거Herbert Freudenberger가 1974년 「상담가들의 소진Burnout of Staffs」이라는 논문에서 처음 사용했다. 그리고 세계보건기구WHO는 2019년 5월 번아웃 증후군을

이제 막 복직한 김 과장에게

'제대로 관리되지 않은 만성 직장 스트레스'로 규정했다. 의학적 질병은 아니지만 제대로 알고 관리해야 하는 직업 관련 증상의 하나로 인정한 것이다.

내가 '번아웃'이라는 용어를 접하게 된 건 우울증 관련 정보를 찾을 때였다. 3년간의 수험생 생활을 끝내고 꽃길만 걸을 것 같던 내가 가장 먼저 마주하게 된 건 공허함과 우울함이었다. 수면 부족으로 만성피로에 시달리던 나는 시험만 끝나면 잠을 실컷 자고 싶었다. 하지만 막상 시험이 끝난 뒤 자려고 누웠는데 잠을 잘 수가 없었다. '이런 게 바로 불면증인가?' 사실 맹목적으로 합격이라는 목표를 향해 달려왔지만, 그 이후에 구체적인 계획은 없었다. '자격증 따면 좋은 일이 생기겠지. 난 더 잘될 거야.' 막연한 희망 사항만 있을 뿐이었다. 그러다 보니 시험 합격 후엔 낭떠러지를 앞에 둔 정상에 서 있는 기분이었다. 막연한 희망 사항은 합격 후 나에게 심리적인 압박감으로 돌아왔다. 힘들게 합격한 만큼 당연히 더 잘되고 싶었다. 그리고 고생한 가족들의 기대에 부응하고 싶었다. 그와 동시에 정말 더 잘될 수 있을까 하는 두려움이 마음 한쪽에 자리 잡고 있었다. 그 시기에 회사에서 맡고 있던 직무에 대한 회의감도 한 몫을 차지했다. 갑자기 아무 일도 하기 싫고 만사가 귀찮았다. 번아웃이 온 것이었다.

모닝 루틴을 처음 시작하게 된 계기는 운동 때문이었다. 그 당시 허리통증이 너무나 심각해서 나는 몸에 이상이 왔다고 생각했다. 하지만 돌이켜보면 몸과 마음이 모두 지친 상태였던 것이다.

모닝 루틴을 시작하면서 나의 일상엔 많은 변화가 왔다. 가장 큰 변화는 내 마음을 챙기게 된 것이다. 과거에 나는 항상 지나치게 높은 목표를 설정했다. 그리고 그 목표를 향해 전력 질주를 했다. 나는 내가 설정한 목표를 이루기까지 내 마음을 돌보거나 소소한 일상의 행복을 잘 느끼지 못했다. 하지만 목표를 이루고 나면 목표를 이뤘다는 성취감은 짧고 허무감은 길었다.

최근 우울증이나 번아웃 증후군 같은 현대인의 질병 치료법으로 떠오르는 것이 '마음챙김mindfulness'이라고 한다. '마음챙김'은 걸을 때는 오직 걷는 행위에만, 먹을 때는 오직 먹는 데만 집중해서 번뇌 망상이나 판단 분별 없이 자신의 행위를 '있는 그대로' 알아차리는 것이다. 내가 별거 아닌 제자리걸음을 하면서 놀랍도록 마음이 평온해졌던 이유가 그 때문이었다. 나는 새벽 시간 동안 온전히 내가 하는 행위에만 집중할 수 있었다. 그러한 집중은 내 안에 긍정 에너지를 채우고, 불안과 우울감을 떨쳐냈다. 그리고 그 빈자리는 내 삶에 대한 자신감과 활력으로 채워졌다.

《헬스인뉴스》 기사에 따르면 비리티스 메디컬은 2021년 메타 분석을 통해 마음챙김 훈련이 통증, 불면증, 불안 및 스트레스에 도움이 될 수 있음을 확인했다고 밝혔다.8 수잔 존슨Susan Johnson 노스캐롤라이나대학 심리학 교수는 가장 쉽고 직접적으로 나타나는 마음챙김 명상의 효과로 '불안감 감소와 진정'을 꼽았다. 잠시 앉아서 심호흡을 하는 것만으로도 효과가 나타난다고 한다. 나는 새벽 시간을 통해 운동 및 필사뿐 아니라 자연스럽게 마음챙김 훈련을 하는 효과까지 누렸던 것이다.

모닝 루틴의 선순환

새벽 4시. 알람 소리와 함께 나는 몸을 일으킨다. 일어나면 계획된 동선에 따라 기계적으로 몸을 움직인다. 여러 번의 시행착오 끝에 만들어진 나만의 모닝 루틴이다. 습관이 되니 별다른 생각 없이 몸이 자동으로 움직인다. 필사와 운동 모두 알람으로 시간을 맞춰놓고 정해진 시간만큼 진행한다. 모닝 루틴이 끝나면 정확하게 5시 30분, 그때부터 출근을 준비한다. 나는 출근 준비를 하는 데 보통 한 시간 반 정도의 시간이 필요하다. 아무리 잠이 부족해도 이 시간을 줄일 수가 없다. 하루의 시작인 출근 준비를 여유 있게 해야 하루를 편하게 보낼 수 있기 때문이다. 이때 내가 특별히 준비하는 게 있다. 회사에서 먹을 과일을 챙기는 일이다. 오전에 먹을 사과 반 개와 오후에 먹을 계절과일 한 가지를 꼭 손질해 가져간다. 이는 필요한 영양분을 얻고 동시에 군것질을 하지 않아도 되는 장점이 있다.

출근 전에 필사와 운동이라는 두 가지 과제를 끝내고 나면 마음이 한결 가볍다. 야간 헬스장에 다닐 때는 하루 종일 마음의 부담이 있었고, 그러다 결국 가지 못하게 되는 날에는 실망감도 컸다. 아침 운동으로 이런 부담이 한 번에 해결되었다. 그리고 나는 아침 식사를 든든히 먹고 점심시간은 되도록 개인적인 시간을 보낸다. 특별한 약속이 없는 날엔, 부족한 잠을 보충하기도 한다. 요즘 나의 점심 메뉴는 견과류를 섞은 요구르트와 단백질 파우더다. 1일 1견과류가 목표였는데, 점심으로 견과류를 먹으니 목표를 달성할 수 있게 됐다. 단백질 파우더는 건강 검진 결과 단백질 부족 상태라 먹고 있다.

모닝 루틴을 시작하면서 내가 함께 시작한 것이 있는데, 바로 헌혈이다. 헌혈을 하면 가장 큰 보람은 당연히 내 피를 나눌 수 있다는 것이다. 그것과 더불어 주기적으로 건강을 체크할 수 있다는 장점이 있다. 헌혈을 하려면 가능 조건을 반드시 충족해야만 하기 때문에 그 자체로 건강하다는 증거다. 그리고 혈액 검사 결과로 기본적인 건강 체크를 할 수 있다. 단백질 파우더를 먹기 시작한 것도 혈액 검사 결과에서 단백질 부족으로 나왔기 때문이었다. 최근엔 두 달에 한 번씩 점심시간을 이용해 헌혈을 한다. 헌혈을 알아보다가 '레드커넥트'라는 앱이 있다는 걸 알게 됐다. 그 앱을 통해서 근처에 있는 헌혈의 집도 찾을 수 있고 예약도 할 수 있었다. 앱에 들어가 보니 내가 1996년도에 헌혈한 기록까지 남아 있었다. 헌혈을 통해 두 달이라는 단기 건강 목표를 설정하게 되었다. 헌혈을 하기 위해 두 달 동안 건강을 유지하고 부족한 것들을 채우고자 하는 나만의 목표가 생긴 것이다.

이제 막 복직한 김 과장에게

모닝 루틴으로 얻는 또 하나의 성과는 불면증을 극복했다는 것이다. 일찍 자서 일찍 일어나는 게 아니고 일찍 일어나서 일찍 잘 수 있게 됐다. 2022년에 《한겨레신문》은 보건복지위원회 소속 강선우 국회의원을 통해 건강보험심사평가원 수면장애 진료 현황을 분석했다. 그 결과를 보면, 2021년 1월부터 11월까지 수면장애로 진료받은 전체 인원 97만 4,417명 가운데 여성은 55만 6,459명으로 남성(41만 7,958명)보다 33.1퍼센트 많다고 한다. 불면증 진료 인원은 매년 증가 추세로 여성의 경우 2016년 45만 3,662명에서 2020년 55만 4,993명으로 22.3퍼센트 증가했다. 불면증이 이제는 수면장애로서 국가가 관리해야 한다는 지적이 나오고 있다고 한다.9 잠을 못 잔다는 게 얼마나 고통스러운 일인지 겪어보지 않은 사람은 잘 모른다. 잠을 못 자는 이유에는 스트레스나 불안감 등 심리적인 요인이 있다. 그런데 불면증이 생기면 빨리 잠들어야 한다는 압박감에 또 다른 스트레스와 불안감이 생기게 된다. 악순환이 거듭되는 것이다.

"생각하는 대로 살지 않으면 사는 대로 생각하게 된다." 프랑스 작가 폴 부르제Paul Bourget의 소설에 나오는 문구다. 나는 온전히 나에게만 집중할 수 있는 새벽 시간을 통해 나의 몸과 마음을 돌본다. 그리고 나와 대화하며 내가 원하는 삶에 대해 생각한다. 사는 대로 생각하는 삶을 살지 않기 위해서 하루하루의 일상을 선순환으로 만들어가고 있다. 번아웃이 되지 않도록 그렇게 내 몸과 마음을 돌보며 일상을 이어나간다. 일과 육아에 지친 워킹맘이라면, 눈을 감고 조용히 자신의 삶에 대해 생각해보자. 생각하는 것만으로도 일상의 선순환은 시작될 수 있다.

이제 막 복직한 김 과장에게

05
내가 일찍
일어날 수 있는 이유

짬을 이용하지 못하는 사람은 항상 짬이 없다

"부장님, 저 오늘 5시 30분부터 한 시간 동안 명상도 하고, 글도 끄적이고, 책도 보고 했는데, 너무 좋았어요. 시간이 모자라더라고요."

"정말 시간이 금방 가지? 그러다 3시에 일어나는 거 아냐?"

"짧게 명상하고, 차 마시면서 일기장에 생각 적고, 책 몇 장 읽고 나니까 운동할 시간이 없더라고요. 완전 신세계네요."

이른 아침부터 카카오톡이 울렸다. 내가 모닝 루틴을 한다는 말을 들은 부하 직원이 다음 날 바로 경험담과 인증 사진을 보내왔다. 우리는 경쟁하듯 서로의 경험담을 나누었다. 나도 역시 친구의 경험담을 듣고 호기심에 반신반의하며 시작한 것이었다. 나만의 루틴이 만들어지고 그게 습관이 되기까지 3개월 정도의 시간이 걸렸다. 처음엔 아침 일기를 쓰면 좋다고 해서 일기를 시도했는데, 나에겐 큰 감흥이 없었다. 맹목적으로 책을 읽는 것도 나와 맞지 않았다. 코어 운동을 해보라는 조언도 있었지만, 자다 일어나서 갑자기 스트레칭을 하는 것도 마땅치 않았다. 그것 말고도 이것저것 시도해보다가 몇 번을 실패했다. 그런데도 내가 포기하지 않고 계속 새벽에 일어났던 이유가 있었다. 다람쥐 쳇바퀴 같은 반복적인 일상에서 벗어날 숨구멍이 필요했기 때문이었다. 그러다 제자리걸음으로 새벽에 일어날 동기부여를 찾았고, 그게 시작이었다. 아침마다 느끼는 '오늘도 해냈다'라는 작은 성취감은 계속해서 나를 새벽에 일으켜 세웠다. 그렇게 새벽 기상은 나의 습관으로 자리 잡게 됐다.

일찍 일어나는 습관으로 나에게는 또 다른 목표를 설정할 원동력이 생겼다. 막연하게 생각했던 일들을 하나씩 시도해볼 수 있는 시간과 에너지가 생겼기 때문이다. 게다가 새롭게 시도하는 일들로 나는 셀레는 감정도 느끼게 됐다. 그러다 보니 일상에서도 전에는 느끼지 못한 소소한 재미를 찾을 수 있게 됐다. 잘 알려진 "시간은 돈이다. 시간은 금이다. 시간은 유한하다"라는 말이 있다. 우리는 살면서 시간의 중요성에 대한 많은 이야기를 듣는다. 누구에게나 공평하게 하루라는 시간이 주어지고 우리는 저마다의 하루를 보낸다. 누구나 그 시간을 소중하게 생각하고 헛되이 보내지 않으려고 노력한다. 그런데 실제로 매 순간을 충실히 사는 사람이 있을까? 특별한 사정이 있는 사람이 아닌 한 시간의 유한함을 절감하고 살아가는 사람이 과연 얼마나 될까? 철학자 세네카는 "인간은 항상 시간이 모자란다고 불평을 하면서 마치 시간이 무한정 있는 것처럼 행동한다"고 말했다. 나 역시 항상 시간이 모자란다고 생각했지만, 그렇다고 1분 단위로 시간을 관리하며 살진 못했다. 현실에서 우리는 시간의 소중함을 매번 깨닫지 못하기 때문일 것이다.

　새벽 4시에 일어나기 시작하면서 시간에 대한 나의 태도는 점점 변해갔다. 그냥 잠을 자며 흘려보냈던 시간에 크고 작은 성취를 이루게 되었기 때문이다. 그러다 보니 시간의 소중함을 인지하게 됐다. 내가 이런저런 핑계로 새벽 4시에 일어나지 않으면, 그날 하지 못했던 모닝 루틴은 다시 할 수 없을 테니까. 그러면서 나는 자투리 시간도 아끼게 되었다. 출퇴근 시간, 직원들과 수다 나누는 시간, 인터넷 쇼핑하는 시간까지 틈새 시간을 찾기 시작했다. 그리고 이런 틈새 시간을 만들기 위해 어떻게 하면 시간을 더 효율적으로 사용할 수 있을지 고민하게 됐다. "짬을 이용하지 못하는 사람은 항상 짬이 없다"라는 유럽 속담이 있다. 틈새 시간을 이용하는 사람은 또 틈새 시간을 찾기 마련이다. 그 시간을 이용해서 얻은 소소한 재미나 성취감은 그 어디에서도 느낄 수 없기 때문이다. 그러다 보면 24시간을 좀 더 의미 있게 사용하기 위해 주도적으로 시간을 설계하게 된다.

성장 마인드셋을 장착하자!

얼마 전 관심 있는 테드TED 영상을 몇 편 시청했다. 영상을 보다가 스탠퍼드대학 심리학과 캐롤 드웩Carol Dweck 교수의 강연을 접했다.10 그 강연을 통해 '성장 마인드셋'이라는 개념을 알게 됐다. 성장 마인드셋growth mindset은 현재 처한 상황은 자신이 노력하기에 따라 바꿀 수 있다고 보는 개념이다. 반면에, 미래는 고정불변의 것으로 자신이 노력해도 변화되는 것은 없다고 보는 것이 고정 마인드셋fixed mindset이다. 또 다른 영상에서 펜실베이니아대학 심리학과 교수인 앤절라 더크워스Angela Lee Duckworth 교수는 성공을 예측할 수 있었던 사람들에게서 보이는 공통된 특성이 '그릿grit'이라고 한다.11 근데 이 그릿(근성)을 키워주는 가장 좋은 방법이 성장 마인드셋이라는 것이다. 노력에 의해서 바뀔 수 있다는 믿음은 실패해도 끈기를 가지고 더 나아가게 만들어주기 때문이다.

나는 현재라는 시간을 온전히 즐겨본 적이 없었다. 늘 과거의 내 모습을 후회하거나 멀리 있는 목표를 향해 달려갔다. 너무 높고 먼 목표만 생각하다 보니 항상 제자리를 맴돌고 있는 기분이었다. 전력 질주를 하다가 깊은 슬럼프에 빠졌던 것도 이런 이유 때문이었다. 모닝 루틴을 하면서 내가 가장 많이 변화된 건 매 순간 내가 성장하고 있다고 느끼는 것이다. 매일 작은 성취를 느끼며 나 스스로 성장 마인드셋을 장착하게 된다. 내가 노력하는 만큼 발전할 수 있다고 생각하니 뭐든지 더 해보고 싶다는 원동력이 생긴다. 이제는 그 원동력이 내 삶의 활력소가 되어 아침마다 나를 일으켜 세운다.

"부장님, 저는 용도별로 노트를 마련하다 보니 필사용 가방을 따로 사야 할 것 같아요."

"어머, 나랑 똑같네. 나도 사다 보니 노트가 네 권이 됐어."

"제가 필사한 거랑 다이어리 보여드려도 될까요?"

"당연하지, 나도 가져갈게."

우리는 퇴근하고 저녁을 먹으며 서로 필사 노트를 공유했다. 딱히 누구에게 보여주고 싶진 않았는데 막상 공유하니 신이 났다. 처음 필사를 시작할 때는 연애편지를 쓰듯 좋은 노트와 펜으로 필사하라는 글을 봤다. 그때는 노트를 몇만 원씩 주고 따로 살 필요가 있을까 생각했다. 그러다 큰맘 먹고 필사용 노트를 하나 구입했다. 그곳에 애지중지하는 마음으로 조심스럽게 필사를 하면서 깨달았다. 노트를 구입하는 것부터가 필사의 시작이라는 것을. 그렇게 하나씩 구입한 노트가 벌써 네 권이 됐다. 처음 구입한 노트는 고전 필사용으로 사용하고 있다. 그리고 긍정 확언, 영어, 고전을 제외한 다양한 책을 필사하기 위한 노트들이다. 그중 두 권은 부하 직원하고 같은 색깔로 공동구매를 했다. 누군가와 함께 공통 관심사를 갖고 경험을 공유한다는 게 신나는 일이라는 걸 이제야 알게 됐다.

　노트를 시작으로 나를 위한 소소한 사치들을 하기 시작했다. 필사하면서 시간을 보려고 귀여운 탁상시계를 구입했더니 시간을 볼 때마다 기분이 좋아졌다. 차를 마시려고 나만의 머그잔도 준비했다. 그리고 아침마다 마실 차 종류도 여러 개 준비해두었다. 나보다 먼저 모닝 루틴을 시작했던 친구가 필사할 때 사용하라고 북 홀더를 선물로 보내왔다. 이전엔 관심도 없었을 소소한 용품들로 매일 행복을 느낄 수 있다는 게 신기할 뿐이다.

　처음엔 내심 얼마나 오랫동안 할 수 있을까 걱정하기도 했다. 잠이 부족할 것 같기도 하고, 하루가 너무 길지 않을까 싶은 걱정도 했다. 하지만 일찍 일어나는 만큼 일찍 자는 게 핵심이었다. 나 같은 경우 일찍 자려다 보니 불필요한 저녁 약속이나 회식을 자제하게 됐다. 특히 회식 자체는 불가피하더라도, 항상 갈까 말까 고민하던 2차는 더 이상 참석하지 않게 됐다. 불필요한 일에 저녁 시간을 낭비하지 않는 것만으로도 새벽 4시 기상은 충분히 가능했다. 모두가 잠들어 있는 새벽에 이불을 박차고 일어나는 게 사실 말처럼 쉬운 일은 아니다. 쉬운 일이 아니기에 나만의 동기부여가 중요하다. 즐거운 일, 하고 싶은 일, 그것들이 내가 새벽에 일어나게 되는 이유가 된다. 나만의 동기부여를 찾았다면 매일 조금씩 성취 경험을 쌓아보자. 내가 느끼는 성취 경험들은 나를 매일 일으켜 세우는 원동력이 될 것이다. 그리고 이 모든 경험을 공

이제 막 복직한 김 과장에게

유할 수 있는 누군가가 있다면 당신의 새벽 기상은 한 층 더 발전할 것이다. 여기에 니체의 말을 덧붙인다.

"모든 것의 시작은 위험하다. 그러나 무엇을 막론하고 시작하지 않으면 아무것도 시작되지 않는다."

5장

승진할수록 절실한 건 영어

남들보다 부족했던 나에게 기회의 문을 열어준 건 영어였다. 영어를 포기하지 않고 계속 도전할 수 있었던 건 미치도록 잘하고 싶었던 나의 간절함 때문이었다. 간절함은 열정을 불러온다. 그 열정을 불태우다 보면 언젠가 기회는 온다. 준비된 사람은 그 기회를 잡기만 하면 되는 것이다.

01
영어로 기회의
문이 열리다

영어에 대한 막연한 동경

"팝송으로 영어에 관심이 생겼어요."

"영어 가사를 해석해 노래까지 부르니 영어에 더욱 흥미를 느끼게 되었어요."

"팝송 동아리에서 3년 동안 꾸준히 활동하다 보니 팝송 공연까지 하게 됐어요."

내가 고등학교에 다닐 때였다. 팝송으로 영어 공부를 한다는 아이들이 텔레비전에 나온 걸 보았다. 고등학생으로 구성된 팝송 동아리였는데, 영어로 노래도 하고 발음도 거의 원어민 수준이었다. 나도 저렇게 할 수 있다면 얼마나 좋을까. 그들은 나와 다른 세계에 사는 듯했다. 그저 놀랍고 부러울 뿐이었다.

나는 영어에 대한 막연한 동경심이 있었다. 영어를 잘하는 사람은 늘 부러움의 대상이었다. 텔레비전에서 거리의 사람을 아무나 붙잡고 영어로 물어보는 장면을 볼 때면, 마치 내가 질문을 받는 것처럼 떨리기도 했다. 그렇다고 내가 학교에서 영어 과목을 잘했거나 관심이 많았던 건 아니었다. 교과 과정도 제대로 따라가지 못했을뿐더러 기초적인 문법 지식도 거의 없었다. 남들과 똑같이 영어 공부를 했는데, 학교에서 배워 남은 건 거의 없는 것 같았다. 난 도대체 무엇을 했던 걸까? 그냥 책 펴놓고 줄을 긋거나 단어 몇 개 외우지 않았을까? 수능 점수는 더욱 처참했다. 솔직히 영어 문제는 답을 거의 찍어 고르는 수준이었다. 서울권 대학은커녕 대학이나 제대로 갈 수 있을까 하는 정도의 점수를 받았다. 그래서 4년제 대학은 포기하고 집에서 통학할 수 있는 거리에 위치한 2년제 대학 몇 군데에 원서를 접수했다. 원서를 접수할 당시에는 몰랐는데, 내가 고3이던 1997년도에는 2년제 대학에 갑자기 지원자가 엄청나게 몰렸다. 관계자 말로는 IMF 영향으로 2년제 대학 지원율이 급격히 상승했다는 것이다. 나는 상상 초월의 경쟁률 덕분에 지원했던 모든 학교에서 떨어졌다.

대학에 떨어지고 나니 모든 것이 막막했다. 그런데 우습게도 그 와중에 영어영문학과에 대한 미련이 마음 한편에 남아 있었다. 어차피 떨어질 거 영문학과에 원서라도 내볼걸 하는 아쉬움이 남았다. 그러던 중 아는 언니가 지방의 한 대학교에서 추가모

집을 하니 지원해보라는 연락이 왔다. 공고를 보니 모집 학과에 영문학과가 있었다. 나는 곧장 영문학과에 지원했고, 그렇게 영어 영문학 전공자가 되었다.

막연한 동경심으로 대학에 입학했지만, 나의 학교생활은 우울 그 자체였다. 영어 한마디 못 하는 내가 셰익스피어의 시를 읽고, 원어민 교수가 진행하는 수업을 들어야 했으니 하루하루가 너무 괴로웠다. 나의 자존감은 바닥을 뚫고 한없이 내려갔다. 객관식 하나 없는 주관식 문제로 된 시험지를 받는 날엔 그냥 그 자리에서 사라져버리고 싶었다. 그렇게 우여곡절 끝에 한 학기가 지나갔다. 나는 학교를 계속 다닐 수 있을지 진지하게 고민하기 시작했다. 하지만 학교를 그만둔다고 해서 딱히 갈 곳이 있는 것도 아니었다. 아무리 생각해도 더 이상 물러설 곳이 없었다. '안 되겠다. 그냥 영어 공부를 다시 하자.'

대학교 1학년 여름방학. 나는 처음으로 목표 의식을 갖고 영어를 공부하기 시작했다. 지금 생각하면 왜 그랬는지 모르겠지만, 학원에도 가지 않고 문법책을 한 권 샀다. 그날부터 나는 하루에 10시간 이상씩 도서관에 앉아 문법책과 씨름했다. 모르는 단어를 사전으로 하나하나 찾아가며 두 달 동안 기초 문법책 한 권을 간신히 끝냈다. 개강한 후에도 학과 공부를 제외한 나머지 시간은 온전히 영어 공부만 하며 보냈다. 친구들이 대학교 낭만을 즐기는 동안 난 평일이든 주말이든 도서관에 앉아 영어책만 붙잡고 있었다. 그렇게 문법책만 보다가 어느 순간 한계가 느껴졌다. 그래서 여기저기 닥치는 대로 회화 학원이나 토익 학원을 다녔다. 하루 평균 10시간 이상씩 2년 정도 영어 공부를 하다 보니 자신감이 서서히 생기기 시작했다. 그즈음에 나는 배낭여행 계획을 마음속에 품고 있었다. 엄마에게 3년 동안 모은 적금통장을 보여주면서 여행 경비를 지원해달라고 했다. 대학교 입학 후 배낭여행을 목표로 용돈을 모아둔 것이었다. 대학교 4학년 여름방학, 난 여동생과 유럽 배낭여행을 떠났다. 내 생애 첫 해외여행이었다.

영어가 열어준 터닝 포인트

배낭여행을 떠날 때만 해도 나는 어느 정도 영어에 대한 자신감이 있었다. 그래도 2년 정도를 독학으로 공부했으니까. 비행기를 타고 가는 내내 설렘과 기대감으로 심장이 터질 것만 같았다. 숙소 위치와 일정을 몇 번이나 검토했다. 노트에 적어온 간단한 영어 회화도 몇 번이나 연습했다. 드디어 목적지인 런던에 도착했다. 하지만 도착 첫날부터 내 예상은 모두 빗나갔다. 숙소를 찾는 것부터가 내겐 큰 도전이었다. 조금 자랐던 영어에 대한 자신감은 어딘가로 사라져버렸다.

"Excuse me. How do I get here?" (실례합니다. 여기는 어떻게 가나요?)

지나가는 사람에게 조심스레 여기가 어디냐고 지도를 가리키

이제 막 복직한 김 과장에게

며 물었다. 그럼 하나같이 웃으면서 친절하게 설명해주었다. 그런데 그들의 말 중에 단 한 개의 단어도 귀에 들리지 않았다. 묻고 또 물었다. 급기야 손짓과 발짓, 온몸을 이용한 소통 끝에 겨우 숙소에 도착할 수 있었다. 숙소에 도착한 순간 긴장감이 풀리며 그대로 침대에 쓰러졌다. 그제야 한 시간 넘게 메고 있던 12킬로그램 배낭의 무게감이 느껴졌다. 평생 잊을 수 없을 35일간의 배낭여행이었다. 여행을 마치고 귀국하는 비행기 안에서 나는 결심했다. 어학연수를 가야겠다고. 그땐 미치도록 영어를 잘하고 싶다는 생각뿐이었다. 대학교 졸업을 한 학기 남겨놓고 난 어학연수를 준비했다. 그리고 졸업식과 동시에 어학연수를 떠났다.

20대 중반이 되었을 때 난 무직이었고 스펙이라곤 영어를 조금 한다는 것 하나밖에 없었다. 그 흔한 컴퓨터 자격증 하나 없이 이력서에 쓸 거라고는 토익 점수뿐이었다. 취업을 하고 싶어도 어디에 가야 할지, 어떻게 해야 하는 건지도 몰랐다. 엉성하게 이력서를 작성하고 채용공고가 나오는 사이트에 접속했다. 검색 조건에 '영어, 4년제 대학, 서울 지역' 세 가지 키워드를 지정했다. 그렇게 해서 검색 결과로 나오는 모든 회사에 이력서를 넣었다. 일주일 동안 같은 방식으로 나의 엉성한 이력서를 제출했고, 열흘쯤 지났을 때 회사 한 군데서 연락이 왔다. 입사 면접을 보고 싶다는 것이었다.

나의 첫 회사는 국내 소규모의 무역회사였다. 면접을 볼 당시

'직원이 네 명밖에 없는 회사도 있나'라는 생각이 들었다. 그곳은 해외영업팀 위주로 구성되어 수출 거래만 하던 회사였다. 나는 세계 각지에 있는 바이어들을 상대로 일했다. 그들이 한국을 방문하면 미팅도 하고 관광 가이드도 해주었다. 내 일에 그럭저럭 만족했지만 업무 대비 근무조건이 너무 열악했다. 결국 나는 1년 3개월 만에 회사를 그만두었다. 그리고 운 좋게 외국계 회사 영업팀으로 이직하게 되었다. 영국계 회사인 새 직장도 한국 지부 사무실엔 직원이 열 명 정도 되는 작은 회사였다. 사실 업무 자체에 대한 만족도는 처음 회사보다 낮았지만, 근무조건은 안정적이었다. 나는 별다른 목표 없이 열심히 회사 생활을 해나갔다. 그러던 중 회계팀 직원 한 분이 나에게 뜻밖의 조언을 건넸다.

"수연 씨, 회계 공부 해보는 건 어때요? 적성에 잘 맞을 것 같은데."

"회계요? 회계는 무슨 회계요. 제가 이 나이에 어떻게 새로운 분야를 공부해요."

"한번 도전해봐요. 영업에는 영어 잘하는 사람이 많잖아. 근데 회계에는 영어 잘하는 인력이 부족하거든. 한동안 영어 잘하는 회계 인력 수요가 많이 있을 거예요."

처음엔 말도 안 되는 소리라고 생각하고 가볍게 흘려들었다. 하지만 얼마 후 나는 그 조언이 틀린 말이 아니라는 걸 알게 됐다. 당시 외국계 회사들은 전사적 자원관리ERP 시스템을 도입하기 시

이제 막 복직한 김 과장에게

작했다. 그러면서 기존에는 관리자급에서만 필요했던 영어 커뮤니케이션이 실무진에게도 필요하게 된 것이다. 나는 그분의 조언에 따라 AICPA 과정을 듣기 시작했고, 그렇게 회계 분야에 첫발을 내딛었다. AICPA가 미국공인회계사 자격증 시험이긴 하지만 기초부터 회계 공부를 할 수 있는 장점이 있었다. 나는 기초 회계부터 수업을 듣고 시험 응시 자격에 필요한 전공 학점을 모두 이수했다. 내가 중급 회계 과정을 끝냈을 무렵, 회사에는 내부적으로 회계팀 채용이 진행됐다. 기존 직원이 퇴사하면서 인력 보충이 필요했던 것이다. 내가 회계 공부를 한다는 말을 듣고 회계팀 팀장이 함께 일해볼 생각이 없느냐는 제안을 주었다. 영어를 할 수 있는 지원자를 찾기가 힘들다는 것이었다. 준비된 자에게 기회가 온다고 했던가. 나는 그 제안을 받아들였다.

돌이켜보면 남들보다 부족했던 나에게 기회의 문을 열어준 건 영어였다. 영어를 포기하지 않고 계속 도전할 수 있었던 건 미치도록 잘하고 싶었던 나의 간절함 때문이었다. 간절함은 열정을 불러온다. 그 열정을 불태우다 보면 언젠가 기회는 온다. 준비된 사람은 그 기회를 잡기만 하면 되는 것이다. 이제 당신이 그 기회를 잡을 차례다.

02
영화로
영어 실력을 올려보자

나의 영어 공부 분투기

"팀장님, 영어 때문에 너무 괴롭습니다. 팀장님은 영어 공부 어떻게 하셨어요?"

글로벌 리서치 업체 테크나비오에 따르면, 세계의 디지털 영어 학습 시장 규모는 연평균 17퍼센트의 성장률을 기록하며, 2025년에는 123억 8,000만 달러 규모로 성장할 전망이라고 한다. 또한 영어교육 스타트업에 대한 벤처 투자 열기도 갈수록 더 뜨거워지고 있다고 한다.[1] 아직도 더 뜨거워질 열기가 있다는 게 신기할 만큼 영어 학습의 관심은 사그라들지 않는 듯하다. 리서치 업체 트렌드모니터에서도 비슷한 조사 결과를 내놓았다. 성인 남녀 1,000명을 대상으로 '성인 영어 학습'과 관련한 인식 조사를

이제 막 복직한 김 과장에게

실시한 결과, 전체 응답자의 63.3퍼센트가 영어회화에 대한 관심이 있으며 70.7퍼센트는 영어회화 학습이 필요하다고 응답했다. 하지만 영어에 대한 관심도에 비해 자신의 영어 실력에 만족하는 사람들은 적은 것으로 나타났다. 가장 중요한 '말하기 능력'과 관련해서는 전체 10명 중 8명이 자신을 '왕초보'(40.9퍼센트)나 '초보'(41.1퍼센트) 수준으로 평가했다고 한다.[2]

나의 영어 실력은 어느 정도일까? 레벨을 상중하로 나눈다면 무슨 기준으로 나의 실력을 평가해야 할까? 원어민처럼 유창한 영어 발음을 하는 사람을 보면 나의 레벨이 '하'라는 생각이 든다. 그러나 말 한마디 못 하는 사람을 보면 내가 '상'인가 하는 생각이 들기도 한다. 아무튼 마흔이 넘어서도 영어에 대한 미련만큼은 버리지 못하는 것 같다. 나는 영어를 잘하고 싶어서 몸부림쳤던 시간만큼 다양한 영어 공부법을 시도했다. 영어 학습을 위해 시간은 물론 돈도 많이 쏟아부었다. 이 정도면 내 인생에서 영어에 대한 고민만큼은 이제 그만 사라질 때도 되지 않았나 싶다. 그런데 지금도 새로운 영어 학습 광고를 발견하면 그냥 지나치지 못하고 한 번은 살펴보게 된다.

내가 처음 기초 문법책을 가지고 독학했을 때를 떠올려보면, 가장 기억에 남는 건 문법 용어였다. 우리나라 영어 문법 용어는 일본의 영향으로 한자가 많아서 용어 자체가 너무 어려웠다. 예를 들어, 분사에는 두 가지가 있는데 현재분사와 과거분사다. 실제로 영어에서 구현되는 현재분사가 뭔지도 모르는데, '현재분사'라는 용어 자체에만 매달리는 꼴이었다. 문법을 가르치는 학원을 몇 군데 다녀봐도 배우는 건 다 비슷했다. 뭔가 새로운 게 있을까 싶어 다른 곳을 다녀봐도 거기서 거기였다. 학원에 다니면 다닐수록 다람쥐 쳇바퀴를 도는 듯한 기분이었다. 같은 곳을 열심히 돌고 있는데 내 영어 실력은 늘 제자리인 듯했다.

고구마 백만 개를 먹은 것 같은 답답한 심정이던 그때, 전봇대에 붙은 한 전단지 광고를 발견했다. '영어의 뿌리'라는 제목 밑에 영어 강사의 교육 철학이 적혀 있었다. 전단지 내용을 찬찬히 읽고 나니 수업을 들어봐야겠다는 생각이 들었다. 그런데 수업이 새벽 6시에 딱 한 타임밖에 없었고, 강의 장소도 약간 미심쩍은 외진 곳이었다. 혼자 갈 용기가 나지 않아 친구와 같이 수업을 들으러 갔다. 겨울이 되어가던 시기라 아직 밖은 깜깜했다. 학원 입구에 들어서는 순간까지도 반신반의했다. 학원에는 생각보다 사람이 많았고, 대낮같이 환한 교실에 내 또래부터 중년 어르신까지 사람들의 연령대 또한 다양했다. 다른 곳에선 볼 수 없던 신기한 풍경이었다. 마치 영어에 절실한 사람들만의 비밀 모임 같은 곳이었다. 딱 두 달 과정으로 진행됐던 그 수업을 통해 난 영어의 구조를 빠르게 익힐 수 있었다. 선생님은 '주어+동사'를 기본으로 해서 문장을 계속 늘려가는 방식으로 영어 문법을 설명했다. 그래서 영어의 문법이 실제 문장에서 어떻게 활용되는지 쉽게 이해

이제 막 복직한 김 과장에게

할 수 있었다. 같은 방식으로 영어의 문장을 계속 늘리다 보니 영어의 전체적인 구조에 대한 감이 저절로 체득되었다. 더불어 자신감도 조금 더 오른 듯했다.

그러던 어느 날, 엄마랑 텔레비전을 보는데 홈쇼핑에서 영어회화 전집 광고가 나왔다. 얇은 영어회화 책 열 권과 회화 테이프 열 개가 든 세트였다. 나는 별로 끌리지 않았지만, 엄마의 권유로 구입하게 됐다. 그런데 막상 받아 보니 책이 상황별로 잘 구성돼 있었고, 그 내용도 알찼다. 당시 나는 어학연수를 준비하고 있던 중이라 다이얼로그를 모두 외워야겠다고 생각했다. 몇 개월 동안 테이프가 늘어지도록 들으며 열 권의 내용 전부를 통째로 외웠다. 막상 어학연수에서도 가장 도움이 됐던 건 회화 전집을 암기했던 것이었다. 나는 밴쿠버에 도착한 다음 날부터 길거리를 돌아다니며 사람들에게 질문을 했다. 질문을 하면서 외웠던 문장들을 활용했다. 길을 물어보고, 시간을 물어보고, 버스가 왜 안 오는지 이유를 물어봤다. 물론 모든 답변을 알아듣진 못했는데 물어보는 그 자체가 재밌었다. 내가 밴쿠버에서 다녔던 학원은 ESL 코스로 구성되어 있었고, 학원 문법 교재가 『Grammar In Use』였다. 영어로 문법을 배우면서 문법에 대한 감을 익히게 됐고 자신감도 많이 올라갔다.

학원에서 인상 깊었던 것은 나와 같은 반인 남미 아이들이 영어를 잘했다는 것이다. 기초 문법을 배우면서 선생님과는 토론 수준으로 대화를 나눴다. 나중에 알고 보니 유럽이나 남미 아이들은 우리가 모국어를 배우는 방식으로 외국어를 접하고 있었다. 듣고, 말하고, 읽고, 쓰는 방식이 그것이었다. 그래서 나는 그들에게 문법을 알려주고 대신 회화 연습을 할 수 있었다. 한국 친구들과는 항상 영어 공부법에 대한 고민을 나누었다. 어떻게 해야 영어를 잘할 수 있는 건지, 실력은 왜 늘 제자리인 건지 서로 하소연하기에 바빴다. 나는 영어를 많이 들으면 좋다고 해서 한쪽 귀에 계속 이어폰을 끼고 다니기도 했다. 그뿐만 아니라 영영사전만 이용하기, 모르는 단어 무시하고 원서 읽기, 영어 일기, 뉴스, 신문, 셰도우 리딩, 딕테이션 등 셀 수 없이 많은 방법을 시도했다. 뭘 해도 그다지 효과를 느끼지 못하던 그때 한 친구가 영화를 보면 도움이 된다는 얘기를 했다.

영화로 영어를 익히는 실전 방법

"내가 해보니까 영화로 공부하는 게 도움이 되더라고."

"그래? 어떻게 하는 건데?"

"먼저 영화를 평상시처럼 한 번 보고 자막 없이 세 번 보는 거야. 그리고 거기서 나온 문장을 전부 노트에 적어. 그리고 한글로 해석해보는 거야. 모르면 한글 자막을 봐도 되고. 그런 다음 다시 자막 없이 영화를 봐. 그럼 왠지 귀가 뚫린다는 느낌이 들 거야. 그 상태에서 소리만 녹음해서 음악처럼 하루 종일 듣고 다녀. 그러면 점점 더 영어가 들리는 게 느껴져."

친구의 얘기를 들으니 정말 효과가 있을 것 같다는 생각이 들었다. 나는 당장 영화 한 편을 선택해서 친구가 말한 대로 실행해봤다. 나의 첫 영화는 〈코요테 어글리〉였다. 이 한 편의 영화를 반복해서 50번쯤 봤을 때 답답했던 가슴이 뻥 뚫리는 것 같았다. '아, 영어가 이런 거구나. 들린다.' 그 후로 같은 방식으로 많은 영화를 섭렵했다. 〈해리포터〉는 영화를 먼저 마스터하고 바로 원서를 읽었다. 그때의 몰입감은 정말 최고였다. 내가 영화로 공부했던 방식을 좀 더 구체적으로 정리해보면 다음과 같다.

1. 영화를 평소처럼 한글 자막과 함께 한 번 본다.
2. 같은 영화를 자막 없이 세 번 본다.
3. 영어 스크립트를 구해 노트에 전부 옮겨 적으면서 한글로 해석한다(이때 한글 자막 참고 가능).
4. 자막 없이 영화를 다시 한 번 본다.
5. 그 이후엔 안 들리는 부분에서 정지해가며 자유롭게 반복해서 시청한다(한 영화당 기본 10회 이상).
6. 소리만 녹음해서 일상생활에서 계속 반복해서 듣는다.

물론 이것만 한다고 갑자기 귀가 뚫리고 입이 트이는 건 아니다. 하지만 나는 이 방법으로 영어의 감을 익혔고, 흥미를 유지할 수 있었다. 여러 번 반복해서 영화가 외워질 정도가 되면 가만 있을 때 머릿속에서 영화 한 편이 상영되는 기분이 든다. 요즘같이 핸드폰으로 언제든 영화를 시청할 수 있는 시대에는 틈틈이 소리만 듣는 것도 좋은 방법이다. 나는 요즘도 혼자 운전을 하거나 맥주를 마실 때 핸드폰으로 영화를 틀어놓고 소리만 듣곤 한다.

돌이켜보면 가장 중요한 건 '영어 실력을 얼마나 오래 유지할 수 있는가'인 것 같다. 한때 영어를 정말 유창하게 잘했던 사람도 몇 년 동안 사용하지 않으면 금방 감을 잃게 된다. 그래서 오랫동안 영어의 감을 유지하려면 나에게 맞는 방법을 찾아서 흥미를 유지하는 게 중요하다. 나는 개인적으로 사회, 경제, 정치 분야에 관심이 별로 없어서 신문이나 뉴스가 재미없었다. 영어책을 읽는 것도 모르는 단어 때문에 몰입이 끊겨서 흥미가 떨어졌다. 결국 개인의 관심사가 무엇인지가 가장 중요한 것이다.

아직 나에게 맞는 영어 공부법을 찾지 못했다면 좋아하는 영화를 한 편 골라 나의 것으로 만들어보자. 영화 한 편을 온전히 내 것으로 만들고 나면 영어에 대한 감을 익히고 흥미를 유지할 수 있을 것이다.

이제 막 복직한 김 과장에게

03
면접 씹어 먹는
영어 인터뷰 노하우

영어 인터뷰는 지금도 떨린다!

Keria: Okay, good. Where'd you go to school? (좋아요. 학교는 어디 다니셨어요?)

Ben: I went to Northwestern. (노스웨스턴 다녔어요.)

Samantha: And after Northwestern, you went on to⋯. (그리고 노스웨스턴 이후에 당신이 간 곳은⋯)

Ben: I went to work for Dex One. (덱스 원에서 일했습니다.)

Samantha: Okay, and they made⋯. (좋아요. 그리고 당신 회사에서 만든 건⋯)

Ben: Phonebooks. (전화번호부요.)

Justin: Where do you see yourself in 10 years? (10년 후 자신의 모습은 어떨까요?)

Ben: When I'm 80? (내가 80세 때요?)

영화 〈인턴〉에서 70세의 벤 휘태커가 인턴이 되기 위해 채용 담당자와 면접 인터뷰를 하는 장면이다. 입사 지원자보다 훨씬 어린 채용 담당자가 소파에 기대앉아 인터뷰 하는 장면이 참 인상적이었다. 이 영화를 보면서 나는 채용 담당자가 돼보기도 하고 지원자가 돼보기도 했다. 나는 실제로 입사 지원자로서 혹은 채용 담당자로서 많은 영어 인터뷰를 경험했다. 그런데도 영어로 인터뷰를 봐야 하는 상황을 떠올리면 지금도 심장이 두근거린다. 인터뷰라는 게 준비를 한다고 해도 끝이 있는 게 아니기에 더 떨리는 것이다. 그래도 면접에서 당황하지 않고 면접관에게 여유 있는 인상을 주려면 준비를 하는 수밖에 없다.

내가 처음 영어로 인터뷰를 한 건 세 번째 회사에 지원했을 때였다. 사실 외국계 회사라고 해도 실무자 레벨로 지원을 할 경우 외국 사람과 인터뷰를 하는 경우는 많지 않다. 대부분 지원한 부서의 팀장과 사장 선에서 인터뷰가 끝나기 때문이다. 내가 세 번째 회사에 지원했을 때도 팀장과 사장은 한국인이었고, 영어 인터뷰가 별도로 있던 건 아니었다. 그런데 최종 인터뷰를 끝내고 상주하던 외국인 직원과 예정에 없었던 영어 인터뷰를 갑자기 하

이제 막 복직한 김 과장에게

게 됐다. 그 당시 채용 요건 중 가장 중요했던 것이 회계 경력자이면서 영어 가능자였기 때문이다. 갑작스레 당황스럽긴 했지만, 이미 합격 결정이 난 상태였기 때문에 편안한 마음으로 인터뷰에 응했다. 주로 전 직장에서 무슨 일을 했는지 설명했고, 약간의 일상적인 대화로 인터뷰는 끝났다. 인터뷰 결과는 영어 커뮤니케이션에 문제가 없다는 것이었고, 나는 예정대로 입사하게 되었다.

이런 정도의 영어 인터뷰는 내게도 큰 부담은 없었다. 내가 무슨 일을 했는지 설명하고 일상적인 대화를 나누는 정도였기 때문이다. 인터뷰 대부분은 한국 사람과 하면서 중간에 영어로 묻고 대답하는 식의 형태로 진행됐다. 그런 경우 자기소개나 취미, 성격 같은 일반적인 질문이 많았다. 간혹 인터뷰 도중에 갑자기 방금 한 말을 영어로 해보라고 요구하는 당혹스러운 경우도 있긴 했다. 그럴 땐 내가 했던 한국말을 그대로 영어로 번역하려고 하기보단 그냥 영어로 다시 대답한다고 생각하는 편이 나았다. 그러다 점점 외국인과 영어 인터뷰를 하는 횟수가 많아졌다. 인터뷰 대상도 다양했다. 외국계 회사의 경우 한국 담당자와 정식 인터뷰를 보기 전에 본사 인사 담당자와 사전 인터뷰를 진행하는 경우가 있다. 이 경우엔 영어 능력과 이력서 내용이 맞는지 검증하는 형식으로 진행된다. 직급이 올라갈수록 상사가 외국인인 경우가 많아서 지원하는 회사당 한 번씩은 영어로 인터뷰가 진행되기도 한다. 헤드헌터한테 갑자기 전화가 와서 전화를 받는 즉시 영어 인터뷰가 시작되는 경우도 있다. 내가 그동안 직무를 제외하고 일반적으로 많이 받던 질문들은 다음과 같다.

Can you introduce yourself focusing on your experience?

(경력 위주로 본인에 대한 소개해줄 수 있나요?)

What is your responsibility in your current company?

(현재 회사에서 본인이 맡고 있는 업무가 무엇입니까?)

Why did you apply for this position?

(이 직무에 지원한 이유는 무엇입니까?)

Do you know about our company?

(우리 회사에 대해 알고 있나요?)

What are your strength and weakness?

(당신의 강점과 약점은 무엇입니까?)

Do you have any questions?

(질문이 있나요?)

인터뷰에서 이런 질문을 받았을 때 아무런 준비 없이 완벽한 대답을 하는 사람도 물론 있을 것이다. 나도 그런 사람들이 솔직히 부럽다. 왜냐하면 나는 아직도 영어 인터뷰를 볼 때면 열심히 준비하는 사람에 속하기 때문이다. 물론 반복적으로 받는 질문들은 대답이 자동응답기처럼 나온다. 수십 번을 반복해서 대답한 내용들은 당연히 외워지지 않겠는가. 하지만 실제 인터뷰에선 인사 담당자마다 질문의 포인트가 다르고 사람을 뽑는 관점이 다르다. 그러다 보니 예상치 못한 질문에 당황하는 경우가 많다. 당황스러운 질문이라도 여유 있게 넘겨야 하는데, 기본적인 준비가 되어 있지 않으면 생각처럼 쉽지 않다.

외국계 회사에서 일한다고 해도 외국인이 상주하지 않는 한 평소 영어 커뮤니케이션이 생각만큼 많지 않다. 그렇기 때문에 일상적으로 꾸준히 기본적인 영어에 대한 감을 유지할 필요가 있다. 갑작스레 영어 인터뷰를 하게 되면 내가 하고 있는 업무에 대한 설명도 제대로 못 하는 경우가 많기 때문이다. 나 같은 경우도 평소엔 아무 생각 없이 생활하다가 갑자기 영어 인터뷰를 해야 하는 상황이 간혹 생긴다. 그래서 지금도 영어 인터뷰의 긴장감에서 완전히 벗어날 수 없다. 막막하고 떨리는 영어 인터뷰, 어떻게 준비하면 좋을까?

영어 인터뷰를 준비하는 다섯 가지 방법

내가 처음 영어 인터뷰를 준비하던 때를 돌이켜보면 정말 막막했던 것 같다. 나는 먼저 기본적인 예상 질문들을 리스트로 만들고 간단하게 대답을 적었다. 거기에 인터뷰를 볼 때마다 추가되는 질문을 계속 업데이트하는 식으로 파일을 관리해왔다. 그러다 보니 나만의 데이터베이스가 생기게 됐다. 지금도 누군가는

영어 인터뷰로 예전의 나와 같은 막막함을 느낄 것이라고 생각한
다. 그래서 그동안 내가 영어 인터뷰를 준비했던 방식을 정리해
보려고 한다.

1. 예상 질문 리스트

처음부터 모든 질문을 준비할 수는 없으니 예상 질문 리스트를
만든다. 인터뷰는 기술이기도 하기 때문에 연습이 필요하다.
완벽하게 준비하려 하기보다 실전에서 부딪히면서 경험을 쌓
아가는 게 중요하다. 경험을 쌓으면서 자기만의 데이터를 모아
가자.

2. 예상 답변

예상 질문에 대한 답변은 실제 대답하는 것처럼 스크립트를 만
든다. 처음엔 시간이 오래 걸리지만 귀찮더라도 최대한 자세히
적어본다. 예상 답변을 쓸 때 내가 입으로 말을 해보면서 쓰는
것이 좋다. 그렇지 않으면 실제로 글과 말이 잘 연결되지 않는
경우가 있다.

3. 스크립트 암기

내가 정리해놓은 예상 질문에 대한 스크립트는 최대한 암기한
다. 계속 읽는 것도 중요하지만 보지 않고 대답할 수 있도록 준

이제 막 복직한 김 과장에게

비해야 실전에서 활용할 수 있다. 스크립트를 외우면 내가 준비한 내용 안에서 응용이 가능해진다.

4. 실전처럼 연습해보기

질문 리스트만 따로 정리한다. 그리고 질문을 하나하나 짚어가며 내가 외운 스크립트를 소리 내서 대답해본다. 최종적으로 인터뷰를 하기 몇 시간 전에 카페에 앉아 소리 내서 연습하는 시간을 갖는 것도 좋다.

5. 영어에 대한 감각 끌어 올리기

나는 평소에 틈틈이 영화 대사를 들으려고 노력한다. 그런데도 영어 인터뷰가 잡히면 인터뷰 준비를 하면서 집중적으로 영화를 듣는다. 익숙한 영화를 들으면 영어에 대한 감각도 끌어 올리고 마음의 안정감도 생기게 된다. 나의 경우는 영화 〈인턴〉을 두세 번 정도 반복해서 듣는다.

나는 얼마 전 나를 최종적으로 채용했던 그룹 최고재무책임자 Group CFO와 이런 대화를 나눈 적이 있었다.

"나는 너를 인터뷰했던 그때가 또렷이 기억난다."

"그렇군요. 내가 인터뷰 때 어땠나요?"

"너는 인터뷰 때 둘째 아들과 배낭여행에 대한 얘기를 많이 했지."

"정말요? 내가 인터뷰 때 그런 얘기를 했다고요?"

"맞아, 그게 내가 너를 채용한 이유야. 다른 사람들은 일 얘기만 하는데 너는 아들과 여행 얘기를 많이 해서 흥미로웠거든."

나는 내가 영어도 잘하고 똑똑해서 합격한 줄 알았는데 의외라고 대답했다. 그리고 우리 둘은 한참을 웃었다. 나는 CFO의 얘기로 다시 한 번 깨닫게 되었다. 영어는 의사소통의 도구일 뿐이다. 영어를 잘하는 것도 중요하지만, 남과 다른 나만의 가치를 만들고 증명하는 것이 무엇보다 중요하다. 영어로 인터뷰를 한다는 건 누구에게나 두려운 일이다. 두려움을 극복하는 방법은 연습과 도전밖에 없다. 계속 도전하고 경험하면서 자신만의 데이터베이스를 만들어나가자. 당신도 할 수 있다.

04
팀장이 된 지금 영어가
더 절실합니다

외국계 회사는 어떤 곳일까?

'외국계 회사에 다니는 사람은 얼마나 대단한 사람일까?'

나는 어릴 때 외국계 회사에 다니는 사람들을 동경했다. 드라마나 영화에서 보면 직원들이 외국인들과 노트북 보면서 영어로 대화하며 일하는 모습이 너무 멋있어 보였다. 정장 소매를 걷어 올리고 테이블에 살짝 걸터앉은 커리어 우먼이 정말 멋있었다. '어떻게 하면 외국계 회사에서 일할 수 있는 걸까?'

나는 처음 소규모 국내 회사에 다니다가 외국계 회사로 이직했다. 사회 초년생 시절엔 외국계 회사는 뭔가 특별한 채용 절차가 있는 줄 알았다. 하지만 허무하게도 뭔가 대단하고 특별한 이벤트는 없었다. 첫 회사를 그만두고 이직을 준비할 때도 난 첫 회사 구직 활동과 동일한 방법으로 이력서를 넣었다. 잡코리아, 인크루트, 사람인 등 일반적인 채용 공고 사이트에서 '영어, 4년제 대학, 서울 지역' 이 세 가지 키워드로 지원할 회사를 찾았다. 다만 지원 자격이 신입에서 경력 1년 이상으로 변경되었다. 확실히 신입보다는 경력 1년 이상인 포지션이 더 많이 검색됐다. 그리고 채용하는 포지션이 내 경력과 맞으면 인터뷰 요청 연락이 바로 오기도 했다. 근데 문제는 인터뷰를 하면서 발생했다.

내가 첫 회사를 사직했을 당시 나는 기혼인 상태였다. 첫 회사에 입사하고 바로 결혼을 했기 때문이다. 이직을 준비할 당시만 해도 나는 결혼 여부가 중요하다고 생각하지 않았다. 그래서 이력서에 굳이 기혼 내용을 기입하지 않았다. 근데 면접 인터뷰를 하면 하나같이 전부 결혼 여부를 물어봤다.

"저 근데 결혼은 하셨나요?"

"네, 결혼했습니다."

"아 그러시군요. 사실 회사 입장에서 결혼한 사람을 뽑기가 곤란한 부분이 있습니다. 곧 출산하게 될 거고, 그럼 대체인력이 또 필요해지거든요. 현실이 이렇다 보니 어쩔 수가 없네요."

보통 결혼했다고 하면 인사 담당자가 한숨을 쉬거나 표정이 변하곤 했다. 간혹 정말 미안하다며 솔직한 입장을 이야기해주는 사람도 있었다. 물론 나의 경험은 18년 전의 일이다. 당연히 지금은 기혼이란 이유로 채용에 불이익을 주는 회사는 없으리라 생

이제 막 복직한 김 과장에게

각한다. 그렇게 하염없이 인터뷰에 계속 떨어지면서 많은 생각을 하게 됐다. '이게 진짜 현실이구나. 이대로 다시 취업을 못 할 수도 있겠는데, 차라리 결혼을 안 했다고 말할까?' 너무 막막한 나머지 별의별 생각이 다 떠올랐고, 무턱대고 사직한 나의 행동이 한없이 후회됐다. 그러던 어느 날, 한 회사로부터 인터뷰 요청 연락이 왔다. 갑작스럽게 미안하지만, 다음 날 바로 인터뷰를 할 수 있겠냐고 물었다. 나는 알겠다고 말하고는 전화를 끊고 어떤 회사인지 찾아보기 시작했다. 회사 이름을 검색해서 찾아보니 외국계 회사인 것 같았다. 그런데 당시엔 외국계 회사가 뭔지, 구조가 어떻게 되는지 몰랐기 때문에 찾아봐도 구체적인 부분은 잘 파악이 되지 않았다. 한편으로 살짝 불안한 마음이 들었다.

다음 날, '설마 유령회사 같은 곳은 아니겠지?'라는 생각을 하며 회사에 도착했다. 사무실에는 열 명 정도 되는 직원들이 열심히 일하고 있었다. 회사의 실체를 눈으로 확인하고 나니 어느 정도 안심이 되었다. 직원의 안내를 받고 회의실에서 인사 담당자를 기다렸다. 근데 나랑 비슷한 또래의 젊은 여자가 인사 담당자라며 인사를 했다. 그 광경이 낯설었다. 그동안은 인터뷰를 보러 가면 면접관들이 연세가 지긋하신 회사 사장님들이나 중년 남자들이었기 때문이다. 곧이어 영업팀장이 합류했고 한 시간 정도의 인터뷰가 진행되었다. 인터뷰하는 동안 결혼 여부는 묻지 않았고 그 외 사적인 질문도 없었다. 처음부터 끝까지 내가 뭘 했었는지, 현재 채용하는 자리의 업무는 어떤 건지, 주로 일에 관한 이야기였다. 인터뷰를 끝내고 난 후 현재 채용하는 포지션과 내가 이전 회사에서 했던 일이 비슷한 부분이 많은 것 같다며 검토 후 연락을 주겠다고 했다. 그날 오후, 인터뷰 봤던 회사에서 전화가 걸려왔다. 최종 합격했다는 소식이었다. 나는 그렇게 갑자기 외국계회사의 직원이 되었다.

어느 순간 영어는 당신의 날개가 된다

국내 회사에 다니다 외국계 회사에 다녀보니 좋은 점이 많았다. 가장 좋았던 건 노동법에서 보장하는 기본적인 권리를 보장받을 수 있다는 것이었다. 입사하고 나서 인사 담당자에게 사실은 결혼했다고 고백처럼 이야기했다. 그 말을 듣자마자 인사 담당자는 잘했다며 임신해도 회사는 절대 그만두지 말라고 당부했다. 마음이 한결 가벼웠다.

2019년 취업 준비 서비스업체 캐치가 취업 준비생 871명을 대상으로 외국계 기업에 취업하고 싶은 이유를 조사했다. 그 결과 좋은 복지제도가 1위(31퍼센트)였다. 이어 높은 연봉(29퍼센트), 자유롭고 수평적인 기업문화(25퍼센트), 해외 근무 가능성(8퍼센트), 대외 평판(6퍼센트) 순으로 나타났다.[3] 물론 모든 외국계 회사가 좋은 것은 아닐 것이다. 하지만 좋은 기업문화와 복지제도를 갖춘 외국계 회사가 많은 건 사실이다. 그런데 왜 사람들은 외국계 기업으로 취업이나 이직을 하지 않는 걸까? 가장 큰 이유는 외국계 기업에 대한 정보가 많지 않기 때문일 것이다. 나 역시도 외국계 회사에 어떻게 들어갈 수 있는지에 대한 정보가 전혀 없었다. 하지만 외국계 회사에 다니다 보니 유명한 외국 기업 취업 전문 사이트가 있다는 걸 알게 됐다. '피플앤잡'이란 사이트다. 이곳에 들어가보면 다양한 외국계 회사들의 채용정보를 확인해볼 수 있다. 그 외에도 링크드인, 리멤버 등 직장인 네트워킹 플랫폼에 가입하여 본인을 알리는 방법도 있다.

하지만 외국계 기업에 대한 정보가 있다고 해도 선뜻 도전하지 못하는 사람들이 있다. 영어에 대한 막연한 두려움 때문이다. 많은 사람이 외국계 회사 직원이라고 하면 대부분 원어민 수준의 영어 실력을 떠올릴 것이다. 그러나 모든 외국계 회사 직원들이 원어민 수준의 영어 실력을 보유하고 있는 것은 아니다. 영어를 잘 사용하지 않는 직무도 있고, 아예 영어 인터뷰를 보지 않는 경우도 많다. 그렇기 때문에 막연한 두려움을 갖기보다는 외국계 회사에 일단 도전해보자. 만약 영어를 못하는데 외국계 회사에 입사했다면, 회사에 다니면서 꾸준히 영어 실력을 키워나가야 한다. 그건 관리자 레벨이 되면 더 이상 영어 커뮤니케이션을 피할 수 없기 때문이다. 실무자일 땐 상사가 한국 사람이겠지만 팀장이 되면 상사를 비롯한 많은 이해관계자가 본사 직원이 된다. 그리고 글로벌 미팅을 위한 출장이나 다른 나라 지사들과도 교류가 많아진다. 당연히 여러 가지 기회도 많아진다.

내가 팀장이 되고 처음 독일로 출장 갔던 때의 일이다. 각 나라의 재무팀장들이 모이는 컨트롤러 미팅Controller meeting이었다. 설레는 마음으로 비행기를 타고 독일로 향했다. 도착 후 다음 날 저녁에 같이 저녁 식사를 하는 것으로 공식적인 일정이 시작되었다. 저녁 식사를 하기 전에 샴페인이나 와인으로 웰컴 드링크를 마시며 여러 사람들과 대화를 나눴다. 샴페인을 들고 외국인 동료들과 애기를 나누던 순간 불현듯 내가 꼭 영화의 한 장면에 들어와 있는 것 같은 기분이 들었다. 내가 실무자였을 땐 영어를 사용하는 경우가 대부분 내가 하는 업무를 처리하기 위한 정도였다. 그래서 굳이 영어로 말을 하지 않아도 메일로도 업무 처리가 가능했다. 본사에서 외국인 이해관계자들이 와도 윗분들이 응대했기 때문에 나는 식당에 함께 가서도 맛있게 밥만 먹으면 됐다. 하지만 팀장은 이해관계자들을 직접 응대해야 하는 자리다. 그렇기에 수시로 영어로 보고해야 하고 미팅도 하게 된다. 그러다 보니 팀장이 된 지금은 그 어느 때보다 영어를 더 절실히 잘하고 싶어진다. 영어를 더 잘하면 나에게 주어진 글로벌한 환경을 더 잘 활용할 수 있을 것이다. 그리고 발표나 보고를 할 때도 영어가 꼬이면 몇 배로 긴장이 된다. 한국말로 발표할 때도 떨리는데 완벽하지 않은 언어로 발표를 하면 얼마나 떨리겠는가.

얼마 전, 전 직장 동료가 아시아 지역 담당으로 채용되면서 싱

가포르로 직장을 옮기는 일이 있었다. 너무 멋진 일이었다. 우리는 살면서 언제 이런 기회를 만날지 모른다. 당장 내일이라도 나에게 기회가 올 수 있기에 항상 준비를 해야 한다. 사실 회사를 다니면서 영어를 꾸준히 공부한다는 게 쉽진 않다. 하지만 앞으로 다가올 미래를 생각하며 꾸준히 영어 실력을 향상시켜보자. 자, 오늘부터 시작이다.

이제 막 복직한 김 과장에게

6장

내 인생은
우상향이다

나는 아이들에게 무조건 희생한다고 좋은 엄마가 되는 건 아니라고 생각한다. 이 세상 최고의 자산은 바로 '나'이기에 누구보다 내가 나를 우선순위에 두어야 한다.

01
나는 나만의
시간을 달린다

돌고 돌아온 나의 시간들

"엄마, 나 어학연수 가야 할 것 같아. 조금 늦었지만 영어를 진짜 잘하고 싶어. 졸업식 끝나자마자 바로 떠날 거야."

대학교 4학년, 졸업을 한 학기 남겨두고 난 어학연수를 결심했다. 당시에는 오직 영어를 잘하고 싶은 마음뿐이었다. 마지막 학기에 배낭여행도 모자라 어학연수라니. 학과 친구들은 취업 준비에 한창이었고, 부모님도 한시름 놓고 내 앞날을 기대했을 것이다. 그런데 나 혼자 막무가내로 어학연수를 준비했으니, 그런 내 모습을 보는 부모님의 심정은 어땠을까.

돌이켜보면, 나는 성장 과정이 조금 남달랐던 것 같다. 학창 시절에는 공부뿐 아니라 어떤 것에도 흥미를 갖지 못했고 모든 게 지루하게 느껴졌다. 빨리 어른이 되고 싶다는 생각뿐이었다. 또래 친구들과도 비슷한 관심 분야가 없다 보니 깊은 관계를 맺지 못했다. 고등학생 때는 학업 성적이 좋지 않았지만, 대학에는 꼭 가고 싶었다. 공부로는 대학에 갈 수 없을 것 같아서 체육학과를 가야겠다고 생각했다. 그 무렵 친구의 권유로 수영을 시작했는데, 얼마 지나지 않아 나의 수영 실력은 눈에 띄게 향상됐다. '아, 이거구나. 내가 수영에 재능이 있었네. 난 수영으로 대학에 가야겠다.' 고등학교 1학년 내내 나는 등교 전에 수영 강습을 받았다. 학교에서는 온통 수영 생각뿐이었고, 학교가 끝나면 곧장 수영장으로 가서 그날 강습받은 걸 복습했다. 월정액권이라 횟수에 제한이 없었기 때문에 주말에도 두 번씩 꼬박꼬박 수영장에 출근 도장을 찍었다.

당시 수영장 아래층에는 큰 오락실이 있었다. 혼자 게임을 하는 걸 좋아했던 나는 수영을 마치면 바로 오락실로 향했다. 내가 좋아했던 게임은 〈보글보글〉이었다. 동전을 잔뜩 바꿔서 화면 앞에 세워놓고 매번 끝장을 보겠다는 생각으로 달려들었다. '도대체 몇 판을 해야 끝나는 거지? 끝이 있기는 한 건가?' 그러던 어느 날 평소처럼 게임을 하는데, 갑자기 화면이 바뀌더니 비눗방울이 피어오르고 공주가 나타났다. '아, 100판이 끝이었구나…' 그 뒤로 더 이상 오락실에 가지 않았다. 끝을 보고 나니 흥미가 떨어졌다. 그래도 수영장은 계속 다녔다. 수영으로 대학에 가야겠다는 목표가 있었기 때문이었다. 그런데 1년쯤 지나니 더 이상 실력이 늘지 않았다. 누가 말해주지 않아도 수영으로 대학에 가기 힘들다는 걸 느낄 수 있었다. 그래서 어떡하든 다시 공부를 해야겠다고 다짐했다.

대학에 입학하고 나서 뒤늦게 공부에 흥미가 생겼다. 영어를 잘하고 싶은 마음이 동기부여가 되었던 것 같다. 친구들이 입시 공부에 해방감을 느끼며 대학 생활을 즐기던 그 시절, 나는 매일 도서관 구석에서 영어책과 씨름했다. 친구들이 삼삼오오 모여 근교로 여행을 다녀올 때도 나는 그럴 마음의 여유가 없었다. 매번 거절하기 미안했지만, 마음이 내키지 않는 일을 억지로 할 수는 없었다. 그러다 보니 친구들과도 자연스럽게 거리감이 생겼다. 어학연수를 다녀오니 친구들은 하나둘 회사원이 되어 있었다. 나는 그제야 미래에 대한 진지한 고민을 하기 시작했다. '나는 뭘 해야 하지? 뭘 할 수 있을까? 취업을 할 수는 있을까?'라는 생각이 꼬리에 꼬리를 물었다. 그러다 대학원에 가야겠다고 생각했다. 공부에 어느 정도 자신감이 붙었던 시절이었다. 1년 정도 대학원 입학 시험 준비를 했다. 뭘 어떻게 해야 하는지도 모르고 그냥 막연하게 학원에 다니며 토플 시험을 준비했다. 토플 시험을 준비하면서 몇몇 사람들과 스터디 그룹을 만들었다. 멤버들은 모두 유학을 준비하던 사람들이었고 그중엔 아이 아빠도 있었다. '다들 정말 열심히 사는구나….' 자격 요건에 해당하는 토플 점수를 얻고 대학원에 응시했다. 면접이 있다는 연락을 받고 아무 생각 없이 학교로 갔다. 면접장은 그야말로 아수라장이었다. 모집 인원이 다섯 명 정도였는데, 몇백 명은 모인 듯했다. 나는 결국 대학원에서 떨어졌다. 그리고 그 순간 깨달았다. 내가 진심으로 대학원에 가고 싶었던 게 아니었다는 것을. 그저 현실 도피였다.

그렇게 돌고 돌아 남들보다 조금 늦게 첫 회사에 입사했다. 회사에 입사하고 나니 회사에 다니는 것 말고는 인생의 큰 목표가 없었다. 그러던 중 교제하던 남자친구가 결혼을 원했다. 요즘은 결혼이라는 주제로 사람들이 많은 고민을 한다. 결혼을 해야 하는지 말아야 하는지, 한다면 언제 어떻게 해야 할지 따져보고, 또한 자금 계획도 세우고 서로의 수입을 비교해보기도 한다. 후배들의 이런 얘기를 들으면 솔직히 잘 이해가 되지 않았다. 사람들이 결혼에 대해 이렇게 많이 고민하고 치밀하게 준비하는지 나는 몰랐다.

우리는 각자의 속도가 있다

"부장님, 결혼할 때 어떠셨어요? 두렵지 않았어요?"

"솔직히 아무 생각 없었어. 어느 날 보니까 내가 유부녀가 돼 있더라고."

후배들이 나에게 결혼에 대해 물으면 사실 딱히 해줄 말이 없었다. 그런데 나이가 들고 결혼 생활 20년 차가 되어가다 보니,

내 경험을 바탕으로 결혼에 대한 주제를 좀 더 객관적으로 생각하게 된다. '결혼은 꼭 해야 하는 걸까? 굳이 안 해도 되는 걸까?' 유독 결혼에 대한 막연한 불안감을 가지고 있는 후배들이 있다. 그런 후배들에게 요즘은 가볍게 조언을 해주곤 한다. "결혼은 분명 인생에서 중요한 결정 중에 하나야. 충분히 고민하고 결정하는 게 맞는 것 같아. 나의 커리어, 경제적인 부분, 출산, 시댁 문제 등 고민해야 할 것들이 한두 가지가 아니니까. 그런데 결혼이란 건 한 번은 해볼 만한 것 같아…." 얼마 전 강상중 작가의『고민하는 힘』을 읽으며, 다시 한 번 '고민의 힘'에 대해 깨닫게 되었다. 나의 결혼 생활이 만족스러운가 아닌가를 말하고자 하는 것은 아니다. 다만, 결혼이라는 중대한 결정을 하는 데에서 그 주제의 무게만큼은 충분히 고민하는 것이 분명 필요한 일이란 생각이다.

얼마 전 대학생 아이를 둔 선배와 교육에 대한 이야기를 나누게 됐다. 아이가 대학에 입학하기 전까지 나름 사연이 많았던 선배는 나에게 성심성의껏 경험에서 우러나온 조언을 해주었다.

"선배, 큰아이가 중학교에 가더니 이것저것 다양하게 관심을 갖고 도전해보는 게 기특하더라고요. 한동안 킥복싱을 하더니 최근엔 유도에 빠져 있어요."

"어휴, 아직 애가 어려서 그런가 보다. 나중엔 그런 거 다 필요 없어. 중학생 때부터 무조건 공부해야 해. 그렇게 여유 부리다가 고등학생 되면 발등에 불 떨어지는 거야."

"예? 아니 고등학생이라도 운동 하나 정도는 해야 하는 거 아니에요? 그럼 스트레스를 어떻게 풀어요?"

"다 맘 편한 소리야. 고등학생 돼보면 내 말이 무슨 이야기인지 알 거야."

"그렇다고 대학 입학을 목표로만 살 수는 없잖아요. 그렇게 대학 가고 나면 그다음에는요?"

"글쎄, 그다음에는 취직을 준비해야 하지 않을까? 요즘 취업하기가 좀 힘들어야 말이지."

선배와 이런 대화를 나누고 난 뒤 가슴이 답답해졌다. 선배의 말에는 아이의 행복이나 아이가 시행착오로 얻는 경험 같은 것은 안중에 없는 듯했다. 마라톤 같은 인생을 앞에 두고 오로지 학창 시절엔 대학 입학을 목표로 공부만 해야 하는 것이 진정 의미 있는 삶일까? 물론 보통 사람들이 바라는 코스대로 사는 삶도 나쁘진 않을 것이다. 인생의 큰 고난 없이 때가 되어 좋은 대학에 가고 졸업해서 바로 대기업에 취직하는, 소위 말하는 엘리트 코스 같은 인생 말이다. '그랬다면 지금의 나는 어떤 모습일까?' 나도 내 삶에 후회가 없었던 것은 아니다. '학창 시절 공부를 잘했으면 얼마나 좋았을까?' '바로 취직했다면 얼마나 좋았을까?' '좀 더 준비하고 결혼했다면 얼마나 좋았을까?' 같은 생각을 끊임없이 하며 불안해하기도 했다.

하지만 나는 내 나름의 방식으로 인생을 살아왔던 것 같다. 그러다 보니 나에게 열리지 않을 것 같던 길이 하나하나 열리기 시작했다. 시간이 흐를수록 나는 내 삶을 주도적으로 이끌어온 내 삶의 진짜 주인공임을 느낀다. 남들과 비교하지 않고 나의 삶에 집중하며 더 힘차게 나만의 시간을 달려나갈 준비가 되어 있다. 이 순간에도 누군가 남들과 비교하며 늦었다고 자책하는 사람이 있다면 이렇게 이야기해주고 싶다. 누구에게나 자기만의 속도가 있다. 그 속도는 누구와 비교할 것이 아니다. 우리는 각자의 속도에 맞게 인생을 살아가면 된다. 그러면 충분하다.

02
오랫동안 빛나는
인생을 살려면

엄마의 꿈은 가족의 꿈이다

"실수하면서 보낸 인생은 아무것도 하지 않고 낭비한 인생보다
존경스러울 뿐 아니라 유익하다." _조지 버나드 쇼Gorge Bernard Shaw

얼마 전 친구를 만나 이런저런 얘기를 하다가 나도 모르게 속
마음을 꺼내놓았다. 나는 아직 하고 싶은 게 많다고, 대학원에도
가고 싶고 해외 유학도 생각해보고 있다고 말했다. 그러자 친구
는 길길이 날뛰며 내게 이런저런 충고를 늘어놓았다. 그 말의 요
지는 우리 나이에 무슨 대학원, 유학이냐는 것이었다. 나는 그렇
게 놀라는 친구 때문에 되레 놀랐다. "야, 우리 나이가 왜?" 사실

주위를 둘러보면 내 또래들은 대부분 친구와 같은 반응을 보이는 경우가 많다. 그들은 입버릇처럼 '우리 나이에…'라는 말을 달고 산다. 이런 사람들은 '나이 때문에, 결혼 때문에, 아이 때문에'라는 이유로 자기 스스로 한계를 부여한다. 하지만 나는 그 어떤 상황도 내가 꿈을 포기해야 하는 이유가 될 수는 없다고 생각한다. 나에게 꿈이란, 인생을 살아가는 의미이자 원동력이기 때문이다.

내가 대학생이던 1999년 어느 날 학교 도서관에서 우연히 한 권의 책을 만나게 됐다. 서진규 작가의 『나는 희망의 증거가 되고 싶다』였다. 한참 온갖 자기계발서를 찾아 읽던 시기라 제목을 보자마자 바로 읽기 시작했다. 가발공장 직공에서 미군 장교를 거쳐 하버드대학 박사로 거듭난 서진규 박사의 이야기였다. 그녀가 하버드대학에 재직 중이던 시절 딸 성아 씨도 하버드대학에 입학하면서 그들은 동문 모녀가 되기도 했다. 여섯 군데 대학을 거쳐 입학 15년 만에 대학을 졸업하고, 나이 예순 살을 한 해 앞둔 해, 입학한 지 16년 만에 그녀는 박사학위를 받았다. 나는 그 자리에서 단숨에 책을 완독하고 처음부터 다시 천천히 읽었다. '이게 진짜 가능한 일이라고? 이런 사람이 진짜 있는 게 맞아? 진짜 대단하다.' 나는 수없이 많은 말을 혼자 되뇌며 책을 읽는 내내 놀라움을 금치 못했다.

이 시기에 읽었던 책들이 내게 많은 영향을 끼쳤는데, 그중에서도 이 책은 내 가치관을 만드는 데에 밑거름이 됐다. '세상에 내가 하지 못할 일은 없다. 앞으로 닥칠 어떤 고난도 나는 다 이겨낼 수 있을 거야.' 그런 자신감을 내게 안겨주었다. 그리고 아주 먼 나의 미래를 상상하게 했다. '내가 아이를 낳고 그 아이가 커서 이렇게 같은 대학을 아이와 함께 다니게 되면 얼마나 멋질까?' 상상만으로 가슴이 벅차올랐다. 나에게 '나이 때문에, 결혼 때문에, 아이 때문에' 하지 못할 일은 이 세상에 존재하지 않을 것 같았다. 게다가 먼 훗날 아이와 함께 대학 생활을 해보고 싶다는 새로운 꿈도 생기게 되었다.

나는 마흔이 되던 해에 미국 회계사 시험을 준비했다. 주변의 많은 사람이 대단하다며 어떻게 그럴 수 있느냐고 놀라움을 금치 못했다. 하지만 그때도 내가 가장 많이 들었던 말은 '공부엔 다 때가 있는 거'라는 고정관념에 사로잡힌 사람들의 씁쓸한 위로였다. 하지만 고작 나이 때문에, 워킹맘이라는 이유로 내 꿈을 포기할 수는 없었다. 항상 내 마음 한편에 자리 잡고 있던 아쉬움, 미련 같은 것들이 나에게 끊임없이 시그널을 보내왔다. 그렇다고 나에게 아무런 고비가 없었던 건 아니었다. 내가 시험공부를 시작하던 때는 둘째가 일곱 살이었다. 한참 엄마와 즐거운 시간을 누려야 할 나이였다. 어느 날 갑자기 엄마가 학원에 가야 한다고 가버리자 아이는 목 놓아 울기 시작했다. 그나마 엄마와 함께 보낼 수 있는 시간이 주말 이틀뿐이었는데, 아이는 그 시간마저도 혼자가 되어버린 것이다. 마음을 독하게 먹어야 한다고 다짐했지만, 울

이제 막 복직한 김 과장에게

면서 매달리는 아이를 매정하게 뿌리치는 일은 쉽지 않았다. 게다가 선택의 여지없이 가야 하는 직장도 아니고 온전히 내가 원해서 다니는 학원이 아니었던가. 나는 아이에게 단호하게 말하고 돌아서면서 참 많이 울었다.

이기적이고 매정한 엄마라는 죄책감은 합격이라는 꿈을 꼭 이루겠다는 다짐으로 이어졌다. 울면서 엄마를 원망하던 아이는 어느덧 엄마의 꿈을 응원해주는 든든한 지원군이 됐다. 시험에 떨어졌을 땐 그 누구보다도 진심으로 위로해주고 기운을 북돋아주었다. 3년이라는 시간 동안 아이는 엄마의 꿈과 함께 성장했다. 그리고 합격했을 땐 그 누구보다 축하해주고 자랑스러워했다. 난 내가 꿈을 이뤄가는 과정을 통해 깨달았다. 엄마의 꿈은 단순히 엄마만의 꿈이 아니다. 엄마의 꿈은 가족 모두의 꿈이기도 하다.

또 다른 꿈을 낳는 꿈꾸는 삶

꿈이란 꿈을 꾸는 사람에게 계속 찾아온다. 그리고 꿈은 스스로 확장해나간다. 나는 우연한 계기로 나의 이름으로 된 책을 쓰게 되었다. 처음엔 그냥 책을 한번 써봐야겠다는 단순한 마음에서 시작했다. 그런데 책을 쓰다 보니 그동안 몰랐던 새로운 세상의 문을 열게 됐다. 어쩌다 예비작가들이나 기성작가들을 만나는 기회를 갖게 된 것이다. 그리고 그들을 만나 이야기를 나누다 보니 나도 여러 권의 책을 내는 작가가 되고 싶다는 꿈이 생겼다. 새로운 꿈이 생기니 나는 은퇴 후의 삶을 다시 그려보게 됐다. 이젠 내게 '은퇴'는 내 일의 종결을 의미하는 것이 아니라, 오히려 '설렘'으로 다가왔다. 제2의 인생을 살 수 있는 새로운 기회라는 의미가 된 것이다.

2022년 《서울경제》 사회면에는 「인생 2막에 맞이한 황금기…」라는 제목의 기사가 실렸다.[1] 기사 내용은 글쓰기 강사 10년 차에 『나는 액티브 시니어다』를 쓴 윤석윤 작가 이야기였다. 윤석윤 작가는 퇴직 후 우연히 시작한 글쓰기로 인생의 두 번째 직업을 찾게 되었고, 작가이자 글쓰기 강사로 활동하는 '지금'이 자기 인생의 황금기라고 말한다. 나는 윤석윤 작가의 이야기를 통해 은퇴 후의 삶에 대해 좀 더 구체적으로 생각해보게 되었다. 단순히 책을 내는 작가를 넘어 좀 더 의미 있는 삶을 살 수 있을 것 같았다. 독서를 지도하는 선생님이 될 수도 있고, 글쓰기 강의를 할 수도 있지 않을까. 나아가 청소년들에게 좋은 영향을 줄 수 있는 어른이 될 수도 있을 것 같다. 책을 읽고 글을 쓰는 삶이 내 인생의 제2막이 될 수 있다고 생각하니 신기하게도 은퇴 후의 삶이 기다려진다.

어느덧 나도 마흔이 훌쩍 넘은 나이가 되었다. 내가 어렸을 때 상상한 나의 마흔 살 모습은 포근한 옆집 아줌마 같은 사람이었다. 꿈과 열정을 가진 사람을 생각하진 않았던 것 같다. 그때 마흔은 나에게 그런 의미였다. 지금 나는 마흔이란 나이가 실감이 나지 않는다. 아직도 누군가가 태어난 연도가 아닌 숫자로 내 나이를 말할 때면 놀랍고 어색하기까지 하다. 20년 전과 마찬가지로 나는 여전히 꿈과 열정이 있고 아직 가슴 떨리는 설렘이 있다. 더 행복해지고 싶고, 더 예뻐지고 싶고, 살도 더 빼고 싶다. 더 많은 책을 읽고 새로운 멘토들을 계속 만나고 싶다.

"부장님, 저도 AICPA 시험 준비하려고요. 부장님 얘기 듣고 바로 학원에 등록했어요." 나이가 들어 한 가지 변한 것이 있다면, 이제는 나의 꿈에 전염되는 사람들이 생겨난다는 것이다. 인생의 전반기 동안 나는 꿈을 위해 앞만 보며 달려왔다. 그것은 나의 성공, 나의 비전, 나의 행복 등 오로지 나만을 위한 것이었다. 하지만 앞으로 내가 꾸게 될 꿈은 더 이상 나만을 위한 꿈이 아니다. 나는 이제부터 누군가의 꿈이 되기 위해 꿈을 이루는 사람이 되고 싶다. 그래서 더 많은 사람에게 나의 꿈을 전염시키고 싶다. 오프라 윈프리는 다음과 같이 말했다.

> "여러분이 할 수 있는 가장 큰 모험은 바로 여러분이 꿈꾸는 삶을 사는 것입니다The biggest adventure you can take is to live the life of your dreams."

나는 새로운 모험을 좋아한다. 그게 내가 계속 꿈을 꾸는 이유일 수도 있겠다. 나는 지금까지 살아온 시간보다 앞으로 살아갈 시간이 더 기대된다. 그 이유는 앞으로 펼쳐질 새로운 일들에 대한 기대감 때문이다. 만약 이런저런 한계에 부딪혀 묻어두었던 꿈이 있다면 지금이라도 꺼내보는 게 어떨까? 그 꿈과 함께 이제부터 즐거운 모험을 시작해보자. 꿈과 함께 즐거운 모험을 하는 사람은 오랫동안 빛나는 인생을 살게 될 거라고 나는 믿는다.

이제 막 복직한 김 과장에게

03
이 세상
최고의 자산은 '나'

남편이 돈을 벌면 좋고 아니면 말고

"부장님은 만약 남편 월수입이 천만 원 넘어서 일 그만두고 집에서 쉬라고 하면 어떻게 하실 거예요?"

"하하하, 글쎄요. 생각해본 적이 없어서 잘 모르겠네요. 지금부터 고민해봐야겠어요."

업무상으로 만난 거래처 담당자가 뜬금없이 나에게 질문을 했다. 딱히 무슨 의도를 가지고 한 질문은 아닌 듯했다. 이런 말을 들으면 나는 그냥 흘려듣지 못하는데, 그날도 마찬가지였다. 별일 아닌 듯 상황을 넘겼지만, 집에 와서는 여러 생각이 떠올라 머릿속이 시끄러웠다. '뭐야, 지금 내 남편이 돈을 못 벌어서 내가 일하고 있다는 거야?' '도대체 저런 질문을 하는 의도가 뭐지?' 30대

때엔 더욱 심했다. 불쾌한 기분에 잠까지 설칠 정도였다. 하지만 그땐 남들이 농담처럼 하는 말을 쿨하게 듣지 못하는 나 자신에게 화가 날 뿐이었다. 그러다 어느 때부턴가 나는 내 감정을 솔직하게 들여다보기 시작했다. 내가 이런 말들을 편하기 받아들이지 못하는 이유가 뭘까? 내 안에는 두 가지 마음이 공존해 있었다. 커리어 우먼으로서 인정받고 싶은 마음과 돈 때문에 일하는 속물적인 여자로 보이고 싶지 않은 마음이었다.

로마 16대 황제이자 스토아철학자 마르쿠스 아우렐리우스는 이렇게 말했다. "왜 밖에서 일어나는 일에 이리저리 끌려다니는가? 그럴 시간에 너 자신을 위하여 좋은 것을 더 배우고 우왕좌왕하기를 멈추어라." 나를 위한 가르침이었다. 나는 내 속마음을 감춘 채 오랜 시간 동안 남들의 말에 우왕좌왕했던 게 아닐까. 이제 나는 돈 때문에 일하는 여자라는 꼬리표를 내 스스로 과감히 잘라버리기로 했다. 대신 경제력 있는 멋진 커리어 우먼이자 일하면서 아이도 잘 키우는 워킹맘으로 나를 인정하기로 했다.

잡코리아가 알바몬과 함께 직장인 534명을 대상으로 '직장인이 체감하는 정년퇴직 시기'에 대해 설문조사를 진행했다. 그 결과, 직장인들은 '평균 51.7세'에 부장급으로 정년퇴직을 할 것 같다고 답했다.[2] 법정 정년 60세보다 8년 이상 이른 나이다. 실제로 내가 직장 생활을 하면서 느끼는 정년퇴직 나이도 이와 비슷하다. 50세가 넘어서 안정적으로 직장을 다니는 사람이 의외로 많

이제 막 복직한 김 과장에게

지 않은 것이 현실이다. 내 주위에도 퇴직 대상자가 될 두려움에 떨고 있는 외벌이 가장들이 많다. 어느 날 갑자기 회사를 떠나는 경우도 있다. 내가 다니던 회사의 이사님도 쫓겨나듯 회사를 떠나는 걸 옆에서 지켜보았는데, 나에겐 적잖은 충격이었다. 남자들의 직장 생활이 영원한 것이 아니라는 것, 그것이 언제든 끝날 수 있다는 것을 깨닫게 된 계기였다.

그러면서 나 역시 남편의 직장 생활에 대해 진지하게 고민해보게 되었다. 남편이 그럭저럭 50세까지 직장 생활을 한다고 쳐도, 사실 집안에 돈이 많이 들어가는 시기는 그때부터일 것이다. 아이가 대학에 입학하는 순간부터 목돈이 들어간다. 또 대학에 들어가면 어학연수나 유학이나 대학원에 간다는 등 취업까지 몇 년이 걸릴지 예상할 수가 없다. 게다가 제가 알아서 결혼이나 하면 다행인데 결혼 비용까지 손을 벌리면…. 50세에 은퇴를 하면 이런 상황을 앞에 두고 남편이 은퇴를 하게 되는 것이다. 그때 나는 결심을 했다. 준비 없이 남편의 은퇴를 맞이하지 말아야겠다고. 남들보다 조금 늦을 수도 있겠지만, 결국 은퇴는 분명하게 받아들여야 할 현실이다. 예측 가능한 미래 앞에서 막연하게 남편이 직장 생활을 오래 해주길 바라고만 있을 순 없다. 나는 막연한 두려움 대신 차라리 나 스스로 경제적인 독립을 하는 편이 낫겠다고 생각했다. 남편이 돈을 벌면 좋고 아니면 말고. 이런 식으로 독립적인 마음을 먹으니 오히려 마음이 편해졌다.

복리처럼 높아지는 나의 가치

2022년 5월 버크셔 해서웨이 주주총회에서 한 여학생이 워런 버핏에게 물었다.

"만약 한 종목에 투자해 인플레이션을 극복할 수 있다면 어떤 곳에 투자할 건가요?"

여학생의 질문에 버핏은 이렇게 대답했다.

"당신의 능력은 누가 빼앗을 수도 없고 사라지지도 않습니다. 최고의 투자법은 자기 스스로를 성장시키는 것입니다."

특정 종목을 찍어달라는 소녀의 요청에 워런 버핏의 현명한 대답이었다. 나도 이 말에 전적으로 동의한다. 자기 자신에게 투자하는 것이 가장 올바른 투자라고 생각한다. 특히 나는 경제적으로 독립하겠다는 마인드로 살다 보니 더욱더 '나' 자신이 소중해진다. 나에게 투자해야 한다는 생각은 나이가 들수록 더욱 확고해진다. 나의 개인적인 욕심 때문만이 아니라 나에게 투자하는 것이 결국 가족 전체가 장기적인 이익을 볼 수 있는 투자이기 때문이다. 내가 나에게 투자해야만 나의 노후도 남편이나 아이들에게 의지하지 않게 된다.

싱글맘으로 세 아이를 혼자 데리고 다니며 3개국 8개 도시에서 사업을 벌인 워킹맘이 있다. 그녀는 세 아이를 눈부시게 키워낸 유능한 영양학자이자, 70대에도 기품 있는 시니어 모델로 왕성한 활동을 하고 있는 메이 머스크Maye Musk다. 혁신의 아이콘이 된 일론 머스크의 어머니로도 주목받고 있는 그녀는 tvN과의 인터뷰를 통해 한국 여성들에게 다음과 같은 메시지를 남겼다.

> 인생을 살면서 다양한 단계를 밟게 되는데요. 어린 자녀가 있으면 아이가 우선순위가 됩니다. 아이들이 좀 더 자라서 독립하게 되면 그때는 자신의 일을 찾고 스스로를 계발해야 합니다.[3]

메이는 일흔이 넘은 지금이 전성기라 말하며 스스로 '늙었다'고 생각하지 않는다. 70대인 지금이 가장 행복하다고 말하는 그녀는, 누구보다 나를 잘 아는 사람은 '나'이므로 남에게 필요 이상으로 조언을 구하기보다 스스로 최선이라고 여겨지는 일을 하는 데 집중해보라고 조언했다. 메이 머스크의 이야기를 접하며 '누구의 엄마'로 불리는 대신 '자신의 이름'으로 살아가는 것이 얼마나 멋진 일인가를 깨닫게 되었다. 끊임없이 자기 관리를 하며 새로운 일에 계속 도전해나가는 삶을 사는 것은 정말 중요한 일이다. 그런 삶을 살다 보면 나 자신의 가치는 시간이 갈수록 복리처럼 높아질 것이다.

조금 이기적인 엄마로 보일 수 있겠지만, 나는 실제로 아이들 학원 보내는 것보다 내가 배우고 발전하는 걸 더 우선순위로 둔다. 내가 배우고 싶거나 해보고 싶은 것이 있으면 일단 도전해본다. 나를 성장시키는 데에 필요한 것이라면 기꺼이 투자한다. 근데 나를 위한 투자를 우선순위에 두다 보니 아이들 학원비가 나에게는 적지 않은 부담으로 다가온다. 그래서 아이들을 학원에 보내더라도 본인이 최소한 필요성을 느낄 때까지 기다린다. 그리고 학원에 다니더라도 아이들에게 항상 당부하는 게 있다.

"진수야, 엄마도 다니고 싶은 학원이 있는데 너한테 양보하는 거야. 그러니까 학원 다니기 싫으면 바로 얘기해. 억지로 다닐 필요 없어, 알겠지?"

나는 아이들에게 무조건 희생한다고 좋은 엄마가 되는 건 아니라고 생각한다. 이 세상 최고의 자산은 바로 '나'이기에 누구보다 내가 나를 우선순위에 두어야 한다. 누구보다 나를 아끼고 사랑해주자. 끊임없는 자기 계발로 나 자신의 가치를 높이자. 그렇게 얻은 행복과 자신감으로 나 자신을 빛나게 하자. 이기적일 만큼 자기 관리를 하는 엄마를 남편이나 아이들도 존중할 것이다. 적당히 이기적인 엄마의 태도가 장기적으로 가족의 행복에도 도움이 된다고 나는 믿는다. 장자는 이렇게 말했다.

"먼저 자신의 가치를 발견하라. 이것만큼 소중한 것은 없다. 자신의 가치를 발견하지 못한 사람은 스스로를 함부로 대한다."

이제 막 복직한 김 과장에게

04
아이는 엄마의
뒷모습을 보며 자란다

아들과 엄마의 습관

"띠띠리 띠띠띠."

아침 6시. 방에서 알람이 울린다. 초등학교 4학년 아이가 부스스 일어나 알람을 끄고 이부자리를 정리한다. 옷장에서 입을 옷과 양말을 꺼내 등교 준비를 한다. 빨래대에 가서 본인 옷들을 찾아 옷장에 정리해 넣는다. 그리고 책상에 앉아 공부를 하거나 침대에 누워서 혼자만의 시간을 보낸다. 7시가 되면 샤워를 시작한다. 옷을 갈아입고 밥을 먹는다. 그리고 양치를 한다. 8시가 되면 현관문을 나선다. "학교 다녀오겠습니다."

뉘 집 아이인지 참 부지런하다. 혹시 엄마가 모닝 루틴이라도 하는 집 아이인가? 맞다. 나의 둘째 아들 임민수의 아침 모습이다.

사실 한동안은 아침 5시에 일어나 내심 걱정이 되기도 했다. 알람을 아이 몰래 꺼놓기도 하고 타일러보기도 했다. 그러다가 스스로 5시는 좀 무리라고 느꼈는지 아이는 이제 6시에 일어난다. 아침에 못 일어나는 아이를 깨우는 것만큼이나 일찍 일어난 아이를 더 자게 하는 것도 힘든 일이긴 마찬가지다. 아이든 어른이든 본인의 의지만큼 꺾기 힘든 건 없는 것 같다.

내가 처음 모닝 루틴을 시작했을 땐 자다가 일어난 아이의 손에 이끌려 다시 방으로 들어가는 일이 종종 있었다. 그런 날은 아이가 다시 잠들도록 도와주고 나면 내 시간은 다 지나가고 없었다. 어느 날부터 아이는 나에게 왜 일찍 일어나는지, 일어나서 뭐하는지 꼬치꼬치 묻기 시작했다. 어떤 날은 내가 운동하고 있으면 옆에서 따라 하기도 했다. 그런 날이 하루 이틀 늘어나면서 아이도 본인만의 모닝 루틴으로 하루를 시작하게 되었다.

"당신, 귀찮치 않아? 대단하다. 난 귀찮아서 못 해."

"그래? 난 괜찮은데. 아이 간식 챙겨주는 게 귀찮은 일인가?"

큰아이가 중학생이 되고 나니 늦은 시간에 간식을 챙겨줘야 하는 일이 자주 생긴다. 아이는 저녁 8시에 운동하러 가는데, 가기 전엔 공복 상태를 유지한다. 그리고 운동이 끝나고 9시가 훌쩍 넘은 시간에 돌아오면 그때서야 밥이나 간식을 먹는다. 요즘 아이가 선호하는 메뉴는 햄버거다. 나는 햄버거 패티까지는 직접 만들진 않지만, 재료를 준비해뒀다가 아이가 원할 때 직접 만들어준다. 야채를 잔뜩 넣고 햄버거 패티와 계란프라이 그리고 치즈까지 넣으면 영양 가득한 엄마표 햄버거 완성이다. 그동안 별생각 없이 해왔는데, 남편이 옆에서 자꾸 대단하다고 말하는 이유가 궁금했다. 그러고 보니 나도 새삼 신기하긴 했다. 애들 짐을 챙겨주거나 공부 도와주는 건 그토록 귀찮아하는데 밥이나 간식 챙겨주는 건 이상하리만큼 내겐 당연한 일이었다.

나도 신기해서 곰곰이 생각하다 보니 '엄마'가 떠올랐다. 어릴 적 엄마는 가족들이 먹고 싶어 하는 음식을 해줄 때 가장 행복을 느끼는 듯했다. 요리 솜씨가 좋기도 했지만, 그걸 떠나서 단 한 번도 귀찮아하거나 싫은 내색을 보이지 않았다. 남동생이 고등학생 시절이었다. 남동생은 떡볶이를 특히 좋아했다. 한참 학원 갔다 늦게 돌아오던 때였는데, 밤 10시가 넘은 시간에도 엄마는 항상 부엌에서 떡볶이를 만들었다. 지금 생각해보면 떡볶이라는 메뉴 자체가 요리하기에 간단한 메뉴는 아니었다. 하지만 항상 행복한 모습으로 밤마다 떡볶이를 만들던 엄마의 뒷모습이 아직도 눈앞에 선하다. 엄마는 지금도 아들, 딸, 사위, 며느리, 손주 할 것 없이 좋아하는 음식을 챙겨줄 때 행복을 느끼는 듯하다. 정성스럽게 만든 음식을 손주들에게 먹이는 모습을 볼 때면 미래의 내 모습이 떠오르기도 한다.

자식에게 엄마의 삶은 본보기

"아이들이 말을 안 듣는다고 걱정하지 말고, 아이들이 항상 당신을 지켜보고 있다는 것을 걱정하라."

미국의 작가이자 목사, 로버트 풀검Robert Fulghum의 말이다. 아이를 키우다 보니 아이들이 예리한 눈으로 어른인 부모를 지켜보고 있다는 사실을 인정할 수밖에 없다. 작은 행동부터 말투나 생활 습관까지 신기하리만큼 따라 하기도 한다. 어느 날, 새벽에 필사를 하지 못해 밤에 스탠드를 켜고 식탁에서 필사를 하고 있었다. 아이가 왔다 갔다 하는 인기척을 느끼긴 했는데 신경 쓸 여력이 없었다. 필사할 때는 고도의 집중력이 필요하기 때문에 귀를 막고 온 신경을 집중한다. 한참 집중하고 있는데 큰아이가 슬쩍 다가왔다.

"엄마, 뭐 하세요?"

"아, 엄마 지금 필사하는 거야. 어떻게 하는 거냐면 책을 읽고 인상 깊은 문장에 밑줄을 그어. 그리고 노트에 베껴 쓴 다음 엄마 생각을 자유롭게 적는 거야."

"엥? 저는 책 읽을 때 귀찮아서 그렇게까지는 안 하는데요"

"그래? 그럼 다음에 심심할 때 한번 해봐. 이것도 나름 재미있어."

"네, 알겠습니다…."

아이는 고개를 끄덕끄덕하더니 방으로 들어갔다. 그리고 며칠 후 아이는 갑자기 자기가 1학년 동안 공부를 열심히 못 한 것 같다며 자기반성을 하기 시작했다. 별로 한 것도 없이 1학년이 지나갔다면서 겨울방학 동안 2학년 예습을 하겠다고 했다. 그러더니 서점에 가서 2학년 국어, 역사, 과학 과목의 책을 사 왔다. 어려울 수도 있겠지만, 혼자 힘으로 해보고 싶다고 했다. 겨울방학 동안 조금씩 풀어보면 좋을 것 같다며 스스로 계획을 세웠다.

미국에서 영향력 있는 교사로 손꼽히는 레이프 에스퀴스Rafe Esquith는 그의 책『에스퀴스 선생님의 위대한 수업』에서 이렇게 말했다. "아이들은 당신의 말과 행동을 그대로 따라 하기 때문에 아이들이 어떤 사람이 되길 원한다면 당신이 먼저 그런 사람이 되어야 한다."4 나의 필사하는 모습이 아이에게 어떤 영향을 끼쳤는지는 알 수 없다. 하지만 아이가 스스로 공부하겠다는 의지를 표명한 것이 나는 내심 신기하고 기특했다. 그 일 이후로 나는 의식적으로 아이 앞에서 더 많이 책을 읽고 공부하는 모습을 보여주기 시작했다. 아이에게 무엇을 권하고 싶을 때도 내가 먼저 행동으로 보여주고자 했다. 그러면서 아이에게 간접적으로 내 이야기를 전달하고자 노력했다.

"진수야, 엄마 다음 달부터『코스모스』란 책 원서로 읽을 거야. 이거 봐봐. 너무 재밌을 것 같아."

"『코스모스』가 뭔데요?"

"유명한 과학 교양서인데 엄마도 이제껏 못 읽어봤거든. 이번에 읽어보려고."

아이는 관심을 보이며 질문도 하고 책도 한번 훑어보았다. 내가 책을 내밀며 읽어보라고 했다면 기겁을 하고 도망갔을 것이 뻔하다. 무엇을 '하라'고 지시하기보다 내가 즐기며 열심히 하는 모습을 보여주는 것만으로도 충분했다. 어느 날 『코스모스』를 원서로 읽고 있을 아이의 모습을 상상하니 웃음이 난다.

아프리카의 성자 슈바이처 박사는 자녀 교육에서 가장 중요한 것 세 가지가 있는데, 그 첫째가 본보기, 둘째도 본보기, 셋째도 본보기라고 했다. 자식에게 엄마의 삶은 본보기 그 자체다. 나 역시 고집스러울 만큼 일관성 있는 태도로 삶을 살아온 엄마의 뒷모습을 보며 성장했다. 매일 부엌에 서 있는 엄마의 뒷모습이 어느 순간 나의 뒷모습이 되었다. 칸트는 이렇게 말했다. "어느 누구에게도 나와 똑같이 행하라고 말할 수 있게 행동하라." 생각은 쉽지만 행동은 어렵다. 그리고 이 세상에서 가장 어려운 것은 생각을 행동으로 옮기는 것이다. 부모가 말로 하지 않고 행동으로 보여준다면, 자녀는 부모를 존경하고 따를 수밖에 없다. 아이들은 엄마의 잔소리로 자라는 것이 아니다. 엄마의 등 뒤에서 엄마의 삶을 보고 자란다.

얼마 전 알고 지내던 지인 한 분을 만났다. 이런저런 얘기를 나누다가 대뜸 아이를 잘못 키운 것 같다며 하소연을 하였다.

"내가 아이를 잘못 키운 것 같아. 애들이 대학생이 됐는데도 엄

　　　　　　　　　　　이제 막 복직한 김 과장에게

마 생일이라고 꽃 한 송이를 안 사오네 허허."

"이사님 서운하셨군요. 혹시 이사님이 애들 생일날 꽃 선물해보신 적 있으세요?"

"꽃은 무슨, 쑥스럽게. 나는 애들한테 그런 거 못 하겠더라고."

"그럼 아이 생일 때 이사님이 먼저 꽃을 선물해보시면 어떨까요?"

그분이 아이 생일날 꽃을 선물했는지는 모르겠다. 나는 다만 그가 아이를 잘못 키웠다는 자책 대신 이제라도 아이에게 먼저 꽃을 선물하는 엄마가 되길 바랄 뿐이다. 지금 아이들 눈에 비치는 나의 뒷모습은 어떤 모습일까? 아이들이 믿고 따라올 수 있는 떳떳한 모습일까? 엄마의 뒷모습은 아무리 꾸미려 해도 꾸밀 수 없다. 엄마의 삶 그 자체이기 때문이다. 아이들은 그런 엄마의 뒷모습을 보며 자란다. 아이의 말이나 행동이 맘에 들지 않는다면 잘못을 지적하기에 앞서 엄마인 내가 먼저 모범을 보이는 것은 어떨까. 아이들에게 부끄럽지 않은 엄마가 되기 위해 오늘도 묵묵히 성장하는 엄마가 되자. 뒷모습을 지켜보고 있을 아이들을 생각하면서 말이다.

이제 막 복직한 김 과장에게

05
삶의 마지막 날을
생각하며

2003년 1월 13일. 나는 브라질 북부 아마조나스주 마나우스 Manaos에 위치한 부둣가에 앉아 있었다. 이날 나는 마나우스에서 벨렝Belém으로 가는 배를 탈 예정이었다. 벨렝까지 나를 데려다줄 배는 4박 5일 동안 중간에 하차 없이 아마존강을 횡단할 예정이었다. 배에서 나흘 동안 잠을 자기 위해 꼭 필요한 준비물은 그물 침대 해먹이었다. 부둣가 주변의 시장에 가서 적당한 해먹과 마실 물 그리고 약간의 간식을 구입했다. 등에는 12킬로그램가량의 배낭을 메고, 앞으로는 휴대용 가방을 메고, 양손에는 해먹과 먹을거리를 들었다. 내 몸에 매달려 있는 짐의 무게만으로 몸이 땅속으로 꺼질 것 같았다.

드디어 기다리던 배가 도착했다. 아마존강을 횡단할 생각에 가슴이 두근거리기 시작했다. 이 배는 내가 죽기 전에 꼭 한번 타보고 싶었던 버킷 리스트 중 하나였다. 배에 오르자마자 적당한 자리를 골라 해먹을 걸었다. 그곳이 배를 타고 가는 동안 지낼 내 자리였다. 색색의 해먹이 걸린 풍경은 장관이었다. 짐을 풀고 해먹에 누워보았다. 흔들거리는 아기 침대처럼 포근함이 느껴졌다.

배가 마나우스항을 뒤로하며 출발하기 시작했다. 배의 스크루가 일으킨 물결 위로 고층 건물이 늘어선 도시가 점점 작아지고 있었다. 배는 강 한가운데로 들어섰다. 주위를 둘러보다 옆자리 사람과 눈이 마주쳤다. 검은 얼굴에 유난히 치아가 하얀 사람이 나를 향해 웃고 있었다. 가도 가도 끝이 없을 듯 강이 이어졌다. 나는 해먹이나 사람들 구경을 하며 여기저기 돌아다녔다. 서로를 꼭 끌어안은 연인, 아기에게 젖을 먹이는 엄마, 갑판에서 춤을 추는 사람 등 다양했다. 말이 통하지 않는 사람들과 마음을 주고받으며 나름 즐거운 시간을 보내고 있었다.

3일째 되던 날 밤, 갑자기 배가 조금씩 흔들리는 느낌이 들었다. '배가 왜 흔들리지?'라고 느끼는 순간 해먹 주위가 부산해졌다. 사람들은 우왕좌왕하며 짐을 챙기기 시작했다. 선내에서 안내 방송이 흘러나오고 있었다. 하지만 영어가 지원되지 않는 현지 언어 방송이라 무슨 말인지 알아들을 수가 없었다. 두려움이 나를 엄습했다. '도대체 무슨 일이지?' 그때 유일하게 영어로 말이 통해서 조금 친분이 생겼던 스웨덴 아이가 나를 향해 뛰어왔다.

이제 막 복직한 김 과장에게

그 아이는 포르투갈어를 할 줄 알아서 안내 방송을 알아들었던 것이다. "수, 큰일 났어. 지금 예정 없던 천둥번개를 동반한 폭풍우가 다가오고 있대. 갑판에서 구명조끼를 나눠주는데 수량이 한정되어 있다니까 빨리 가서 받아. 여기서 배가 뒤집혀도 구조대가 오지 않는다는 얘기 들었지? 행운을 빈다."

뭐? 행운을 빈다고? 나는 순간 뇌가 정지되는 기분이었다. 잠시 멍하니 앉아 있다가 정신을 차리고 구명조끼를 받으러 갑판 위로 올라갔다. 갑판 위는 이미 아수라장이었다. 서로 구명조끼를 받으려고 몸싸움까지 벌이고 있었다. 나는 우연히 바닥에 떨어진 구명조끼를 주워 안고 해먹이 있는 곳으로 내려갔다. 근데 갑자기 몸을 가눌 수 없을 만큼 배가 흔들리기 시작했다. 덜컥 겁이 났다. '나 이러다 진짜 아마존강에 빠져서 죽는 거 아니야?' 나의 가족, 내가 사랑하는 사람들, 살면서 행복했던 순간들이 거짓말처럼 빠르게 머릿속을 스쳐 지나갔다. 한 방울 두 방울 눈물이 뚝뚝 떨어지기 시작했다. 그러다 문득 혹시라도 내가 시신으로 발견되면 신원이 파악되어야 한다는 생각이 들었다. 지퍼 백을 꺼내 여권과 학생증을 확인하고 복대에 다시 넣었다. 복대를 허리에 차고 구명조끼를 입었다. 그리고 해먹에 누웠다.

해먹이 심하게 흔들거리기 시작했다. 눈을 감으니 눈물이 주르륵 흘렀다. '내가 갑자기 죽는다면⋯.' 생각이 꼬리에 꼬리를 물고 날 괴롭히기 시작했다. 내가 아마존강 위를 건너고 있다는 걸 아는 사람은 아무도 없었다. 핸드폰이 없던 그 시절 내가 가족과 했던 마지막 통화는 브라질에 막 도착했을 때였다. 전화 한 통 더 하지 못했다는 후회가 밀려왔다. 막상 진짜 죽을 수도 있다고 생각하니 그 순간 너무 무섭고 두려웠다. 죽음을 목전에 두고 아무것도 할 수 없는 나라는 존재가 한없이 나약하게 느껴졌다. '이렇게 죽고 싶지 않습니다. 아직 하고 싶은 일들이 많아요. 제발 저에게 다시 살 수 있는 기회를 주세요.' 어느덧 나는 두 손을 부여잡고 마음속으로 기도를 하기 시작했다. 그러면서 나도 모르게 까무룩 잠이 들었다. 갑자기 눈이 부셔 눈을 살짝 떠보니 맑은 하늘에 햇볕이 쨍쨍 내리쬐고 있었다. '내가 지금 살아 있는 건가?' 가만히 누워 상황을 되짚어보았다. 주위를 둘러보니 살아 있는 게 맞는 것 같았다. '휴, 다행이다. 살아 있구나.' 다행히 나는 그날 죽지 않았다. 내가 살았다는 걸 느끼는 순간, 죽음을 목전에 둔 상황에서 잠이 들었던 나 자신이 조금 어이가 없다는 생각을 했다.

나는 가끔 그날을 생각한다. 그날 내가 느꼈던 '죽음'이란 공포와 두려움은 나의 모든 세포에 각인되어 있다. 너무도 생생하게 어제 일처럼 또렷이 느껴진다. 이 경험은 내가 인생을 살아가면서 늘 '죽음'이란 단어를 염두에 두고 살아가게 된 중요한 계기가 되었다.

췌장암 말기로 시한부 인생을 선고받은 한 남자가 있었다. 그는 세 아이의 아버지이자 한 집안의 가장이었다. 그에게 살날은

　　　　　　　　　이제 막 복직한 김 과장에게

몇 달밖에 남지 않았다. 시한부 판정을 받은 사람의 심정은 어떨까? 직접 겪어보기 전에 그 심정을 감히 헤아릴 수는 없을 것이다. 그런데 그는 낙담하지 않았다. 오히려 가족들을 위해 앞날을 계획하는 모습을 보여주었다. 그 사람은 바로 카네기멜론대학의 컴퓨터공학 교수였던 랜디 포시^{Randy Pausch}다. 내가 처음 랜디 포시의 이야기를 접했던 건 2008년 6월 그가 죽기 전에 남긴 책 『마지막 강의』에서였다. 이 책은 2007년 9월 18일 그가 실제로 '마지막 강의'라는 제목으로 카네기멜론대학에서 했던 강연 내용을 담았다. 이 책을 읽고 나는 누구에게나 '죽음'이란 갑자기 찾아올 수 있는 일이라는 걸 받아들이게 되었다. 그리고 만약 내가 어느 날 갑자기 죽음을 맞이하게 되더라도 절대 낙담하거나 절망하지 말고 랜디 포시처럼 유쾌하게 현실을 받아들일 수 있는 사람이 되자고 생각했다.

내가 처음 이 책을 읽던 2008년에 나는 아이가 없었다. 세월이 흘러 큰아이가 중학생이 되고 난 후 우연히 책장에 꽂혀 있던 이 책을 다시 읽게 되었다. 다시 읽으면서 복받치는 감정과 눈물을 주체할 수 없었다. 그가 책을 남긴 그해에 그의 아이들은 첫째가 여섯 살, 둘째가 세 살, 셋째가 18개월이었다. 내가 아이를 키우는 엄마가 되어보니 어린 세 명의 아이를 두고 눈을 감는다는 게 얼마나 가슴 아픈 일인지 알 수 있었다. 아이들을 위해 조금이라도 더 살기 위해 힘든 치료를 기꺼이 받으며 노력하는 그의 모습을 보며 '살아 있음'에 감사하지 않을 수 없었다. 할 수 있다면 10대 아이의 아버지가 한번 되어보고 싶다는 그의 말에 사춘기 아이를 키우며 힘든 시간을 보내고 있다고 생각했던 나의 모습이 한없이 부끄럽게 느껴지기도 했다.

"죽음이 문을 두드리는 날, 그대는 무엇을 내놓을 것인가? 나 이곳을 떠날 때, 이것이 나의 작별의 말이 되게 하소서. 내가 본 세상은 너무나 아름다웠다고." 타고르의 『기탄잘리』에 나온 말이다. 우리가 살아가는 삶은 결국 죽음을 향해 가고 있다. 나에게 다가올 죽음의 시간이 남들보다 조금은 길 수도 혹은 짧을 수도 있지만, 결국 우리는 죽음을 피할 수 없다. 죽음을 생각하다 보면 살면서 무엇을 내려놓아야 할지, 무엇을 소유해야 할지 명확하게 다가온다. 반면에 죽음을 의식하지 않는다면, 하찮은 것을 중요하게 여기고, 중요한 것을 하찮게 여길 수도 있다. 어제까지의 내가 실패했다고 좌절할 필요는 없다. 오늘부터 훌훌 털고 다시 일어서면 된다. 어차피 우리는 언젠가 죽을 것이고 지금 운 좋게 살아있는 이 순간을 즐기면 된다. 때로는 돈도 더 벌고 싶고, 더 성공하고 싶고, 내가 남보다 훌륭함을 증명하고 싶을 때도 있다. 하지만 죽음을 염두에 두고 생각하다 보면 그 모든 것이 덧없음을 깨닫고 겸허함을 갖게 된다.

어렸을 때부터 난 막연하게 아이를 갖고 싶었다. 내 아이를 낳아 정말 행복하게 잘 키워보고 싶었다. 그래서 육아 심리 책이나 육아 프로그램을 대학생 때부터 즐겨봤다. 사춘기를 힘들게 보냈던 나의 경험을 바탕으로 내 아이들이 편안하고 안정적인 사춘기를 보낼 수 있도록 도와주고 싶었다. 그게 엄마로서 나의 개인적인 큰 바람이었다. 아이를 낳은 후 난 세상에서 가장 큰 행복함을 느꼈다. 엄마가 되어 내가 낳은 생명을 키운다는 것만큼 가슴 벅찬 일은 없다. 온전히 나에게 의지하는 작은 생명은 내가 누구보다 이번 생을 열심히 살아가야 할 이유가 된다. 물론 아이를 키우며 힘든 순간도 많았다. 하지만 아이들이 나에게 준 기쁨과 행복은 그 무엇과도 바꿀 수 없다. 아이들이 커가는 모습을 보면서 행복했고 가슴 벅찼다. 엄마로 살아가는 삶은 나에게 있어 인생을 살아가야 하는 큰 의미다.

마흔이 되기 전까지 난 나름의 방식으로 열심히 살았지만, 체계적이고 장기적인 인생 계획이 없었다. 그런 계획 없이 열심히만 살다 보니 늘 흔들리고 불안했다. 마흔이 넘은 어느 날, 거짓말처럼 나는 현실을 직시하게 되었다. 그동안 덮어두었던 현실을 직시하는 순간 괴롭고 힘든 고통이 찾아왔다. 마흔이 불혹의 나이라고 했던가. 나에게 마흔이란 인생의 전환점이 되어준 행운의 숫자다. 이제까지 살아온 삶을 되짚어보고, 현실을 마주하게 되었으며, 앞으로 남은 인생을 재정비할 수 있게 해주었다. 하고 싶은 게 많아 이것저것 많은 도전을 하며 살아왔다. 많이 도전한 만큼 실패도 많이 했다. 롤러코스터 같은 삶이었다. 뜻대로 되지 않을 때에는 남 탓과 환경 탓을 수없이 하기도 했다. 우울감에 빠져 허우적거렸고 많은 사람 속에 있어도 외로웠다.

그런 내 삶에 변화가 온 건 새벽에 일어나 고전을 필사하며 나자신을 들여다보기 시작하면서였다. 나의 내면과 대화하며 내 삶의 목적과 목표를 찾을 수 있게 되었다. 가벼운 읽을거리로 시간을 때우는 것이 아닌, 나를 깨우기 위한 참다운 독서를 하게 되었다. 내가 책을 쓰기로 결심한 이유는 이제까지 살아온 나의 인생의 1막을 정리하고, 앞으로 남은 인생의 2막을 준비하기 위해서다. 내가 90세까지 산다고 가정했을 때, 나는 딱 절반의 인생을 살았다. 지금까지 살아온 시간보다 앞으로 살아갈 시간은 비교가 안 될 만큼 빠르게 흐를 것이다. 나이와 시간의 속도는 정비례한다고 하지 않는가.

"특히 마음이 확신할 때 자신의 마음을 믿어라. 그다음에 마음에 귀를 기울여라. 왜냐하면 마음은 종종 가장 중요한 것을 예언하기 때문이다. 그것은 지혜의 경구다." 노자의 『도덕경』에 나온글이다. 항상 마음의 소리를 들을 수 있도록 귀를 기울여야 한다. 나에게 집중하며 마음을 열고 늘 깨어 있어야 한다. 빠르게 흘러가는 시간에 휩쓸리지 않으려면 나 스스로 중심을 먼저 잡아야한다. 내가 어디로 가야 하는지, 어떻게 살아야 하는지 나 자신이먼저 알아야 한다. 내 삶에 주어진 시간은 한정되어 있다. 나는 살아가는 동안 늘 깨어 있는 사람이 되고 싶다. 끊임없이 내 길을 걸어가며 인류의 한 사람으로 오롯이 일어서고 싶다. 아이들의 대리 양육자로 내 아이가 세상 어디에서라도 당당히 제 인생을 살아갈 수 있게 도와주는 사람이 되고 싶다. 그 무엇보다 내 아이들이 자기 자신의 꿈과 행복을 따라 살아가길 바란다. 그리고 내 삶의 마지막 날 내 아이들이 자랑스러워하고 존경하는 엄마가 되고 싶다. 그날을 위해 오늘도 난 빛나는 워킹맘으로 나만의 길을 만들어가고 있다.

나가며

"아, 나도 부산에 한번 가보고 싶다."

"진수야, 너 부산에 가보고 싶어?"

"네, 해운대 바닷가에 가보고 싶어요."

"진짜? 그럼 엄마랑 둘이 부산 여행 갈까?"

"네, 좋아요!"

큰아이와 둘이서 부산 여행을 가자고 약속한 지 8개월이 지났다. 마음 같아서는 당장이라도 떠나고 싶었지만, 이제는 나만 괜찮다고 떠날 수 있는 게 아니었다. 내가 회사에서 바쁜 일정을 끝내고 나면 아이만의 바쁜 일정이 시작되곤 했다. 중학교 2학년이 된 아이는 예전만큼 여유가 없었다. 한 학기에 두 번의 중요한 시험이 있었고, 학교 대표로 축구 대회에 나가게 됐고, 학원과 개인

운동까지 다니다 보니 주말에도 항상 일정이 있었다. 그렇게 지지부진하다가 겨우 시간을 맞춰 여름방학이 되어서야 2박 3일 부산 여행을 떠날 수 있게 됐다.

지금 나는 아이와 부산에 있다. 부산에 있는 도미토리 숙소 중에서 남자와 여자 방이 따로 나뉜 곳을 알아봤다. 아이는 이제 따로 잘 수 있는 나이가 됐기 때문에 방을 나누어 잡은 것이다. 방이 위치한 층도 달라서 나는 혼자만의 시간을 누릴 수 있게 됐다. 물론 아이도 온전히 자신만의 자유의 기쁨을 누리고 있으리라 생각된다. 각자의 시간을 보낸 후 점심시간에 만나기로 했는데, 아이는 지금 뭘 하고 있을까 궁금해진다.

광안대교가 보이는 창가에 앉아 모닝커피를 마시며 치열했던 지난 15년의 세월을 떠올려본다. 10년 전만 해도 깜깜한 동굴 속 같던 나의 삶은 지나고 보니 끝이 있는 터널이었고, 그 터널은 생각보다 길지 않았다.

첫째가 여섯 살, 둘째가 세 살이던 시기에 요리를 좋아하던 큰아이를 위해 주말에 문화센터를 등록했다. 남편이 주말에도 출근해야 했던 상황이었기에 남자아이 둘을 혼자 데리고 문화센터에 가야 했고, 그 자체만으로도 힘겨운 일이었다. 그러던 어느 날 둘째를 데리고 수업이 끝난 큰아이를 픽업해 돌아서는 순간 큰아이가 아이스크림을 먹고 싶다며 왼쪽 방향으로 뛰어갔다. '어!' 하는 순간 둘째가 오른쪽 방향에 있는 에스컬레이터를 타고 내려갔다.

그 순간 머리가 하얘지며 나는 어쩔 줄 몰랐다. 순간 미친 듯이 큰 아이에게 뛰어가 간신히 아이를 붙잡았다. "진수야, 엄마 지금 민수 데리러 가야 하니까 절대 어디 가지 말고 여기 가만히 서 있어야 해, 알겠지?"라는 말을 남기고, 다시 정신없이 둘째를 찾아 에스컬레이터로 뛰어갔다. 둘째는 이미 시야에서 사라지고 없었다. 거의 정신이 나간 상태로 계단을 두세 칸씩 뛰어 내려가다 보니 저 멀리서 혼자 신나게 내려가고 있는 둘째가 보였다. 둘째를 손에 잡을 때까지 그 짧은 시간 동안 일어날 수 있는 모든 일들이 머릿속을 스쳤다. 아이를 만나 와락 껴안는 순간 눈물이 핑 돌았다. 에스컬레이터를 타고 더 내려가고 싶다는 아이를 번쩍 들어 올려 안고 첫째를 찾으러 갔다. 다행히 첫째는 그 자리에 서 있었다.

아이를 데리고 문화센터를 다니는 것조차 힘겨워 하루에도 몇 번씩 좌절감을 느끼던 때가 엊그제 같은데 벌써 10년이란 시간이 흘렀다. 모든 일이 계획대로 되지 않으면 온갖 스트레스를 받는 성격 탓에 아이를 키우며 유독 힘든 순간도 많았다. 하지만 완벽한 슈퍼맘도, 완벽한 육아도 없다는 걸 인정하는 순간 아이를 키우는 나의 마음은 한결 편안해졌다.

『삐뽀삐뽀 119 소아과』의 저자로 잘 알려진 소아과의사 하정훈은 한 매체의 칼럼에서 "행복한 아이로 키우려면 행복한 부모가 되라"고 조언했다. 내 아이가 어떤 아이가 되었으면 하고 바라는 점이 있다면 그런 아이로 키우려고 노력하기보다는 부모가 그런 사람이 되는 게 훨씬 더 쉽고 편하다고 말한다.

　나도 부모가 아이에게 책 읽는 모습을 보여주는 게 좋다는 얘기를 듣고는 아이가 어릴 적에 일부러 책 읽는 모습을 연출한 적이 있었다. 내가 책을 읽으면 아이도 옆에서 따라 읽을 거라는 기대와는 달리 아이들은 내 책을 뺏고 놀아달라기 일쑤였다. 그럼 이내 짜증이 솟구치면서 왜 내 아이는 책에 나오는 대로 행동하지 않는지 그 이유가 궁금했다. 그러다 어느 순간 엄마인 나 스스로가 좋아하는 일들을 찾고 거기에 집중하다 보면 아이들도 자연스럽게 엄마의 모습을 닮아간다는 것을 알게 됐다. 그런 모습이 전염이라도 되듯 말이다. 이제 아이들은 스스로 필요한 공부를 배우러 학원에 가고, 하고 싶은 운동에 도전하고, 내가 책 읽고 필사하던 식탁에 앉아 밤늦은 시간까지 공부를 한다. 그뿐만 아니라 내가 좋아하는 일은 자연스럽게 나의 행복한 일상이 되어 남편과 공유하게 됐고, 서로 나눌 수 있는 대화의 주제들도 더욱 다양해졌다. 나의 행복은 바이러스처럼 점점 가정의 행복으로 퍼져나갔다.

　나는 워킹맘으로서 열심히 일하고 집안일도 함께 해나가며 틈틈이 내가 하고 싶은 일들에 몰입했다. 그리고 그런 엄마의 일상을 아이들에게 그대로 보여주었다. 아이에게 완벽하게 무언가를 해줄 생각을 하는 대신, 내가 인생을 즐겁게 잘 사는 모습을 있는 그대로 아이들에게 보여주면 되었다. 그것이 내가 특별한 노력을 하지 않아도, 아이에게 올인하지 않아도 아이가 잘 자라는 방법이라는 것을 아이를 키우며 깨달았다.

이 책은 일과 육아 사이에서 방황하며 정작 자신의 인생에서 무엇이 중요한지 잊고 사는 워킹맘을 위해 쓰게 됐다. 부디 이 책을 통해 워킹맘들이 일과 육아에서 완벽하지 못하더라도 자신을 보듬고 조금은 가벼워진 마음으로 자신이 중심이 되는 삶을 살 수 있기를 바란다.

1장

1) 최민준, "남자아이는 다르게 가르쳐야 합니다", 〈세바시〉 309회, 2013년 9월 30일.

2) "손주병 앓는 황혼 육아… 절반이 우울증 위험", 〈KBS 뉴스〉, 2020년 1월 3일.

3) 최성훈, "'일과 육아 힘들어'… 워킹맘, 죄책감 신음", 《세계일보》, 2014년 5월 29일.

4) 윤선영, "'워킹맘' 죄책감 그만… 자녀들 오히려 잘 큰다", 《매일경제》, 2022년 6월 2일.

5) 박아람, "'80억 CEO' 현영, 의류사업에 육아까지… 슈퍼맘 일상 공개", 《스포츠조선》, 2022년 10월 10일.

6) 박효순, "일-가정 갈등 큰 '슈퍼맘' 우울증 위험 높다", 《경향신문》, 2022년 4월 29일.

7) 김영화, "'슈퍼맘'은 없다", 《국방신문》, 2022년 5월 20일.

8) 권한울, "'경단녀' 10명 중 7명 '육아로 퇴사'… 워킹맘 일하게 할 정책 없을까", 《매일경제》, 2022년 3월 26일.

9) 하정민, "고달픈 워킹맘? 그 생각부터 벗어나야 성공", 《DBR》 41호, 2009년 9월.

10) 이윤정, "워킹맘 95% '퇴사 고민'… 최대 고비는 아이 초등학교 입학 때", 《조선비즈》, 2019년 12월 8일.

11) 전혜성 지음, 『섬기는 부모가 자녀를 큰 사람으로 키운다』, 랜덤하우스, 2006, 210쪽.

2장

1) 박소정, "결국 '청산' 택한 씨티은행… 2500명 대규모 인력 구조조정 현실화", 《조선비즈》, 2021년 10월 25일.

2) 남주연, "오늘 하루 어떻게 보내셨어요? 당신의 마음은 지금 안녕하십니까", 《노동과 세계》, 2021년 1월 7일.

3) 김진술, "지금 턴어라운드 하지 않으면 구조조정의 늪에 빠진다", 《HR Insight》, 2020년 4월호.

4) 박준호, "30대 여성 단기간 재취업율 남성보다 크게 떨어져", 《뉴시스》, 2017년 1월 27일.

5) 윤태희, "공부 전 2분만 운동해도 뇌 활성화 가능", 《나우뉴스》, 2020년 9월 13일.

3장

1) 김지윤, "체육은 보조 아닌 필수입니다", 《한겨레》, 2018년 6월 4일.

2) "자꾸만 밖으로 나가자는 아이, 왜 그러는 걸까?", 《베스트베이비》, 2021년 7월 8일. https://m.post.naver.com/viewer/postView.naver?volumeNo=31926158&memberNo=19624642

3) 주혜영, "아이가 스스로 결정하고 선택할 수 있는 기회 주세요", 《베이비뉴스》, 2018년 6월 26일.

4) 서민교, "'영재발굴단' 외국어 조기교육의 비효율적 현실 충격", 《MBN STAR》, 2016년 3월 9일.

5) 조아름, "'영어 접촉은 빠를수록 좋다는데' 조급한 부모", 《한국일보》, 2019년 9월 21일.

6) https://post.naver.com/viewer/postView.nhn?volumeNo=17355045&memberNo=25828090

7) "어릴 때 '집안일'한 어린이 성공 가능성 높다", 《어린이 경제신문》, 2015년 4월 22일.

8) "자기 주도성 이 영상 하나면 해결!", 〈오은영의 버킷리스트〉 https://www.youtube.com/watch?v=o9gaQf_JfvE

9) 오은영 지음, 『어떻게 말해줘야 할까』, 차상미 그림, 김영사, 2020, 100쪽.

10) 오푸름, "사춘기 변화는 뇌 급격한 발달 탓… 훈육 말고 존중, 수용하세요", 《조선일보》, 2021년 7월 19일.

11) 박미자 지음, 『사춘기, 기적을 부르는 대화법』, 북멘토, 2022, 238쪽.

12) 채경선, 황현주, 「부모-자녀 간 의사소통 유형과 행복감과의 관계」, 한국효학회, 2014.

4장

1) 김민정, "사무직 직장인이 경계해야 할 4가지 질병", 《메디팜헬스뉴스》, 2019년 2월 21일.

2) http://m.alba.co.kr/story/MediaReportView.asp?page=1&idx=3504

3) 임성희, "직장인 3명 중 1명 지난해 새해 계획 달성… 비결은 '의지'", 《데이터솜》, 2022년 1월 4일.

4) 채성숙, "홈트의 전성시대! '나만의 운동공간'을 만들고 싶은 욕구 강해", 《MADTIMES》, 2021년 6월 24일.

5) 정약용 지음, 박석무 옮김, 『유배지에서 보낸 편지』, 창비, 2009, 130쪽.

6) 임성훈 지음, 『고전명언 마음수업』, 스노우폭스북스, 2021, 7쪽.

7) https://news.incruit.com/news/newsviewm.asp?newsno=435027

8) 김지예, "마음챙김 연습이 필요한 5가지 경우", 《헬스인뉴스》, 2021년 6월 8일.

9) 최윤아, "스무살 이상 불면증, 여성이 남성보다 많은 까닭은", 《한겨레》, 2022년 1월 5일.

10) 캐롤 드웩, "아직 실패가 아니야(The power of yet)", 테드 강연 https://www.youtube.com/watch?v=Palxr5q-vpo

11) 앤절라 더크워스, "근성: 열정과 인내의 힘(Grit: the power of passion and perseverance)", 테드 강연 https://www.youtube.com/watch?v=H14bBuluwB8

5장

1) 김동진, "영어 스타트업 잇딴 투자유치 성공…138조원 글로벌 시장 공략 청신호", 《THE STOCK》, 2021년 6월 11일.

2) https://m.blog.naver.com/hi_nso/221293694877

3) "취업준비생들, 외국계기업 선호하는 가장 큰 이유는?", 《동아일보》, 2019년 7월 16일.

6장

1) 정혜선, "인생 2막에 맞이한 황금기 … 글쓰기 강사 10년 차, 정년 없이 즐겁게 일할 수 있어 행복", 《서울경제》, 2022년 12월 15일.

2) https://www.jobkorea.co.kr/goodjob/tip/view?NewsNo=19205&schCtgr=120005&Page=1

3) "누군가의 엄마가 아닌 '메이 머스크'가 여성에게 전하는 이야기", 〈월간 커넥트2〉, 2022년 4월 2일. https://www.youtube.com/watch?v=Zl5Fi2hd1DI

4) 레이프 에스퀴스 지음, 박인균 옮김, 『에스퀴스 선생님의 위대한 수업』, 추수밭, 2008년, 26쪽.